Diseño Humano

Diseño Humano

La nueva herramienta de autoconocimiento para mejorar tu vida, tu salud y tus relaciones

Ana Romera
Kenai Zurdo

VERGARA

Penguin
Random House
Grupo Editorial

Primera edición: octubre de 2023

© 2023, Ana Romera y Kenai Zurdo
© 2023, Penguin Random House Grupo Editorial, S. A. U.
Travessera de Gràcia, 47-49. 08021 Barcelona

Printed in Spain – Impreso en España

ISBN: 978-84-19248-78-7
Depósito legal: B-14729-2023

Compuesto en Llibresimes, S. L.

Impreso en Romanyà Valls, S. A.
Capellades (Barcelona)

VE 4 8 7 8 7

ÍNDICE

AGRADECIMIENTOS   9

ANTES DE EMPEZAR   11

INTRODUCCIÓN   19

1. El origen del Diseño Humano   37

2. Conociendo tu Diseño Humano   51

3. El Gráfico y sus elementos   69

4. Los nueve Centros del Cuerpo Gráfico . .   97

5. Los cuatro Tipos de Energía 175

6. Situaciones del día a día 245

7. Puesta en acción y ejercicios 261

MATERIALES Y RECURSOS 291

Recursos gratuitos 292

Manual personalizado de Diseño Humano . . 296

SOBRE NOSOTRXS 300

DESPEDIDA 303

AGRADECIMIENTOS

Antes de empezar, nos gustaría dar las gracias a todas y cada una de las personas que nos han ayudado a conocer el Diseño Humano y a vivir esta aventura de divulgarlo al mundo entero. Sin cada una de ellas, no habría sido posible sacar a la luz este libro, ni tampoco poder dedicarnos a esta herramienta y mostrarla al mundo de una manera mucho más cercana, práctica y, esperamos, entretenida posible.

Gracias a nuestro primer analista, Eduardo, que nos dio el empujón inicial para adentrarnos con esta increíble herramienta. Gracias a nuestras maravillosas familias, que nos apoyan siempre en todo lo que hacemos, aunque no paremos de cambiar y pongamos nuestras vidas del revés cada mes. Gracias a Ra Uru Hu por poner sobre el papel tantísimo conocimiento y acercarlo a todo el mundo de una forma más comprensible. Gracias a la editorial Penguin Random House por hacer que esta herramienta llegue a nuevas personas y por compartir este conocimiento tan absolutamente rompedor. Gracias a todas y cada una de las personas que han confiado en nosotrxs y en nuestro trabajo y que han estado presentes desde nuestros inicios.

Y, por supuesto, gracias a ti por tener este libro entre tus manos y darnos la posibilidad de enseñarte lo que para nosotrxs ha sido y es una de las mejores formas de conocerse a unx mismx.

Esperamos que este libro te ayude a conocer los misterios del Diseño Humano y a comprender mejor quién eres y a entender cómo funcionan tu energía y toda la magia de tu gráfico.

MIL GRACIAS

ANTES DE EMPEZAR

No leas el libro sin antes haberte leído esto, por favor. Te ayudará a entender mejor por qué lo hemos escrito, cuál es su finalidad y lo que pensamos sobre esta herramienta. Te explicamos también cómo vas a poder exprimirlo al máximo mientras recorres sus páginas.

Cada día recibimos numerosos mensajes del estilo: «Pero ¿esto qué es?», «Esto no será brujería, ¿verdad?», «¿Es algo científico? ¿Está comprobado?», «¿De dónde sale toda la información del gráfico?», «No lo sé, Rick, parece falso... ¿Es una secta o algo así?»..., y un largo etcétera de preguntas similares.

Así que, antes de leer el libro —¡ojo!, hemos dicho

«ANTES»—, queremos aclarar una serie de cuestiones sobre *Diseño humano* y cuál es nuestro punto de vista al respecto.

Necesitas llegar con la mente abierta

Si esta es la primera vez que oyes hablar del Diseño Humano, es posible que muchos conceptos te resulten extraños y difíciles a la primera, igual que el gráfico con un montón de colorines, símbolos y numeritos de todo tipo. Todo es nuevo al principio y puede resultar abrumador.

Adentrarte en el tema con la mente abierta te ayuda a recibir toda la información nueva de forma más relajada, sin posicionarte en una postura a favor o en contra de lo que lees. De este modo, integrarás mejor todos los conceptos sin juzgar. Más tarde ya decidirás qué quieres utilizar y qué no, qué te gusta más o qué te gusta menos y qué opinas sobre la herramienta.

¡Ojo! Una mente abierta no significa tenerla vacía. No queremos que leas este libro y apliques todo lo que te contamos aquí sin cuestionarte nada. Una vez que entiendas los conceptos, empieza a experimentar y así podrás seguir aquellos consejos y prácticas que te hacen bien y te permiten conocerte en profundidad y a llevar una vida repleta de vitalidad, disfrute y confianza.

Se trata de una herramienta para indagar en tu mundo interior, por lo que no tiene sentido que hagas cosas con las que no te sientas cómodx. De todo lo que te contamos sobre Diseño Humano y sobre tu gráfico, quédate con lo que te haga sentir bien y aparta a un lado todo aquello que, por ahora, sea un no para ti.

ES UN EXPERIMENTO, PONLO EN PRÁCTICA

No te lo hemos dicho, pero este es un libro alérgico al polvo. Sí, como lo oyes. Así que de vez en cuando asegúrate de sacarlo del estante y pegarle un repaso para que no enferme. Son muchísimos conceptos, con lo que no está de más refrescar la memoria cada cierto tiempo o volver a hojear algún capítulo concreto que se te haya podido olvidar.

El Diseño Humano es un experimento personal. Esto quiere decir que nuestra experiencia con esta herramienta va a ser muy distinta a la tuya, sobre todo teniendo en cuenta que cada diseño es completamente único. Así que de nada sirve todo esto sobre el papel, toca ponerlo sobre el terreno de juego. Hay que practicarlo en el día a día para ver cambios. Si no, se quedará en simple conocimiento general en nuestra cabeza (que no está mal, pero sería como exprimir solo media naranja).

Pongamos un ejemplo. Si descubres que eres del Tipo Generador y que para ti lo ideal es que te hagan preguntas de SÍ o NO para facilitarte la toma de decisiones, no te guardes esto para ti. Compártelo con tus familiares, amigos, gente del curro y hasta con la panadera, si quieres.

Solo si lo llevas a la práctica podrás ver los resultados. Y créenos, es MUY MUY FUERTE lo mucho que cambian las cosas en tu vida diaria cuando se empieza a aplicar.

Hace miles de años se decía que la Tierra era plana. Tiempo más tarde, que el Sol y el resto de la galaxia giraban alrededor de nuestro planeta. Hace poco, que comer huevos era malísimo. Ahora, en cambio, parece ser que es de lo mejor. ¿Qué queremos decir con esto? Pues que nada es absoluto, todo es relativo.

Lo que te explicamos en este libro se basa en nuestros conocimientos actuales de Diseño Humano y en todo lo que hemos aprendido poniendo en práctica esta herramienta cada día de nuestra vida a lo largo de estos años con miles de clientes. Todo esto, junto con otras muchas formaciones y libros que hemos estudiado e integrado.

Esto no significa, sin embargo, que esta sea la verdad absoluta. Esta información, junto con las personas, está en constante evolución. Así que nada de lo que leas en estas páginas tiene por qué ser una verdad absoluta para el resto de tu vida que debas llevar a rajatabla como si se tratase de una norma inquebrantable.

Como te hemos comentado antes: el truco está en

la experimentación. Juega con lo que te contamos aquí, ábrete a nuevas posibilidades, deja la mente a un lado, comprueba qué te sirvió en el pasado y el cambio que experimentas al incluir esta herramienta, estudia tu diseño a fondo y pon a prueba cada concepto que te explicamos.

EL RECORRIDO VA PARA LARGO

El camino de conocerse a unx mismx nunca termina. Sencillamente, no tiene final. Siempre hay mucho más que aprender, siempre hay más cositas que pulir de nosotrxs mismxs. Y cuando creas que ya has llegado a un punto cómodo, la vida te traerá una nueva experiencia que te obligará a volver a ponerte las pilas de nuevo. Es un trabajo para TODA LA VIDA.

Es más, verás que, cuanto más conoces sobre ti mismx, más te queda por aprender. Con Diseño Humano ocurre lo mismo. A fin de cuentas, se trata de una forma de plasmar tu personalidad y de expresar tu energía mediante un gráfico relativamente «sencillo». Pero a medida que vayas profundizando y practicando, más disfrutarás de poder reconocer nuevos ámbitos de tu diseño que hasta ahora desconocías.

Créenos, este es el cuento de nunca acabar.

Dicho todo esto, ya va siendo hora de empezar, ¿no? El camino que te espera es tan emocionante que debes estar salivando de las ganas. En el primer capítulo, ofrecemos una breve introducción a este sistema y te explicamos un punto superfundamental: la importancia de conocer tu fecha y hora de nacimiento lo más exactas posibles.

¿Estás preparadx?

INTRODUCCIÓN

¿Qué es el Diseño Humano?

La respuesta a esta pregunta puede depender de la interpretación que le demos cada unx de nosotrxs. Para algunas personas, el Diseño Humano es un estilo de vida, para otras, una forma de empezar a (re) conocerse, y para otras, como nosotrxs, un manual de instrucciones tremendamente práctico con el que abrirse a una vida más fluida. Cada cual lo integra en su vida de diferente manera y de acuerdo con su propia experiencia. En resumen, podríamos decir que es una herramienta para conectar con unx mismx, un sistema de autoconocimiento que nos enseña cómo funcionamos de manera energética, el modo en que conectamos con nuestro entorno y que precisamos atraer las mejores de las oportunidades a fin de empezar a tomar decisiones alineadas totalmente con nuestras necesidades y nuestra verdad interior.

El Diseño Humano reúne los principios de distintas ciencias antiguas (la astrología, el I-Ching, la cábala judía y el sistema de chakras) y de ciencias modernas (la Física Cuántica, la Genética y la Bioquímica). Esto lo convierte no solo en una fuente de información increíblemente detallada, sino también en uno de los instrumentos de crecimiento personal más fiables y prácticos entre los muchos que hemos tenido el placer de experimentar hasta ahora.

Y créenos cuando te decimos que son muchísimos. En estos últimos años hemos contactado con todo tipo de especialistas. Desde expertos en hipnosis, reiki, astrología, registros akáshicos, pares biomagnéticos, kinesiología, constelaciones familiares, psicología tradicional, etc. Al fin y al cabo, todas ellas son herramientas diferentes y cada una se encarga de trabajar distintos aspectos de la vida de formas muy variadas. En nuestro caso, el Diseño Humano es la que más nos ha impactado a nivel personal y la que más práctica nos ha resultado. No obstante, el resto de las técnicas que hemos utilizado nos ha aportado muchísima información y sanación en otros momentos.

El Diseño Humano se calcula en función de nuestra fecha, lugar y hora exactos de nacimiento. Al final de este capítulo te explicaremos la importancia de contar con estos tres datos con la mayor precisión posible y encontrarás algunos recursos para obtener la hora (que suele ser la más complicada) con mayor exactitud, bien sea mediante un certificado de nacimiento o mediante otras herramientas disponibles para hacerlo.

Una vez que introducimos estos datos en un programa específico para ello, se genera lo que llamamos nuestro Mandala de Rave. Si has hecho algo de astrología antes, la imagen puede sonarte familiar, ya que en un primer vistazo se parece mucho a una carta natal. Aquí tienes un ejemplo de Mandala de Rave:

Las dos ruedas exteriores del mandala representan las activaciones planetarias y los símbolos astrológicos. En el centro figura nuestro Cuerpo Gráfico, donde podemos ver definidos los Centros, Canales y Puertas. No te preocupes por esto por ahora porque en el capítulo 3, «El Gráfico y sus elementos», te explicamos bien cuáles son cada una de estas partes y aprenderás a localizarlas en el gráfico.

Este Mandala de Rave es el punto de partida desde el que obtenemos la información que plasmamos en el Cuerpo Gráfico de la persona (la figura con forma humana del centro). Una vez conseguido esto, se genera lo que llamamos el Gráfico de Diseño Humano. Este gráfico final es con el que realmente se trabaja y en el que podemos visualizar y analizar cada una de las importantes áreas de nuestro diseño, por ejemplo, la comunicación, la estrategia para atraer oportunidades, la toma de decisiones o los dones más específicos. En la siguiente imagen, puedes ver el Gráfico de Diseño Humano del Mandala de Rave anterior:

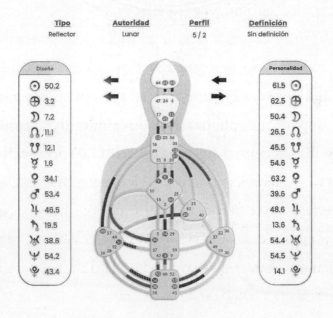

La profundidad de esta herramienta es increíble, de verdad. Unx podría pasar toda una vida poniendo en práctica todos los consejos para cada pequeño aspecto vital que nos enseña y, aun así, le seguirían quedando muchos más pendientes de entender y trabajar.

Darle una oportunidad a esta herramienta es darte una oportunidad de crecer como persona, de mejorar tus relaciones y de aprender a exprimir la vida eliminando la mayoría de las fricciones que se te presenten. Como cualquier otra herramienta de crecimiento personal y autoconocimiento, no es un camino fácil ni rápido, pero merece la pena.

Veamos con más detalle en qué puede ayudarte y los motivos por los que deberías apostar por el Diseño Humano y empezar a usarlo en tu día a día, tanto para ti como para tus seres queridos. Es algo que marcará un antes y un después, te lo aseguramos.

Sabemos que experimentar con una nueva herramienta puede dar mucho miedo al principio, sobre todo si nunca antes has escuchado hablar de ella. Pero en vez de preguntarte si deberías probarla, plantéate lo siguiente: ¿y por qué no? ¿Qué tienes que perder? ¿Acaso crees que ya lo has intentado todo y que esto no te va a traer nada nuevo? ¿Tal vez has tenido una mala experiencia con otra herramienta en el pasado y no quieres que suceda otra vez? ¿Miedo al qué dirán los demás?

Da igual cuál sea el motivo. La realidad es que, si estás leyendo estas páginas, es porque hay algo dentro de ti que te está exigiendo saber más. Te pide conocer esta nueva herramienta, confiar y probar a ver qué pasa. Desea que le des una oportunidad. Lo peor que puede pasar es que dediques una minúscula parte de los muchos días que tiene un año a este libro, aprendas sobre la herramienta y trates de ponerla en práctica para ver si a ti realmente te funciona o no. Recuerda que, como hemos comentado en la sección anterior, es un experimento, no algo en lo que tengas que creer a ciegas.

Según nuestra experiencia personal, es muy raro que alguien que haya conocido el Diseño Humano termine desconectando completamente de él. Una vez que empiezas a indagar un poco en ello y a emplearlo, no puedes evitar esa sensación de querer más y más. Porque los cambios son tan rápidos e impactantes, que unx se queda en shock. Además, no solo te va a servir para conocerte a ti mismx, sino que te ayuda muchísimo a la hora de relacionarte con el resto del mundo, que, al final, es de lo que se trata, puesto que no vivimos solxs en el planeta. Nos guste o no, vivimos rodeadxs de mucha gente, así que esa interacción con el resto es superimportante. Hay personas que son más individuales, otras, más colectivas y algunas, más tribales, pero todas necesitan en mayor o menor medida conectar con el resto de los seres humanos.

¿En qué me ayuda el Diseño Humano?

El Diseño Humano no es la panacea, ni mucho menos. Pero sí te podemos asegurar que, de todas las herramientas de desarrollo personal y autoconocimiento que hemos probado hasta ahora (y no son pocas, créenos), esta es una de las más prácticas y que, además, cambia vidas. Te va a ayudar en muchos aspectos, pero entre los que se trabajan con mayor profundidad en el día a día se encuentran los siguientes:

- **La energía:** el Diseño Humano distingue cuatro Tipos de Energía y cada uno de ellos presenta una energía muy distinta al resto. Este sistema nos enseña qué uso hacemos de nuestra energía en las distintas áreas de nuestra vida.
- **Las decisiones:** vas a aprender a tomar las decisiones más alineadas contigo según tu diseño, para que no metas la pata a la hora de actuar.
- **Aceptarte tal y cómo eres:** no hay nada más frustrante y dañino en la vida que el hecho de constantemente comparar nuestras flaquezas con las virtudes de otrxs y, en el proceso, olvidarnos por completo de nuestro valor. Todas las personas tenemos virtudes y debilidades, nadie es perfecto. El Diseño Humano nos permite entender y respetar tanto nuestros dones como nuestros defectos.

- **La comunicación:** cada persona tiene una forma de comunicarse MUY distinta en función de su diseño (y, sobre todo, dependiendo de si tienen definido o no el Centro Garganta, pero esto es algo que veremos más adelante en el capítulo 4, «Los nueve Centros del Cuerpo Gráfico»). Por desgracia, se nos educa para hablar de un modo determinado y no se suele tratar de perfeccionar en nuestro día a día.

- **Las relaciones:** esta parte viene de la mano de la comunicación, ya que, sin una buena comunicación, es imposible mantener una buena relación. Pero, por encima de todo, el Diseño Humano te enseña a entender qué necesidades básicas tiene la otra persona. Y esto es una ventaja BRUTAL, puesto que si sabes lo que la otra persona requiere de ti o de su vida en general, ya juegas un paso por delante a la hora de relacionarte, comunicarte o dirigirte a ella.

- **El condicionamiento:** todas las personas vivimos condicionadas por nuestro entorno y los individuos a nuestro alrededor. Pero estas influencias no siempre nos afectan por igual a cada unx de nosotrxs. Con el Diseño Humano, aprenderás a identificar en qué áreas de tu vida tienes mayor exposición al condicionamiento y podrás trabajarlo para empezar a reconocer en qué momentos estás actuando sobre la base de esas influencias externas.

- **Las emociones:** algunas personas son bombas de relojería y otras parecen más frías que un cubito de hielo. Esto tiene una razón de ser, y un buen análisis de nuestro gráfico de Diseño Humano nos lo puede explicar. Aprender a tratar las emociones (tanto las nuestras como las de los demás) es un proceso largo y en ocasiones muy tedioso, así que contar con una herramienta tan práctica y efectiva como esta allana mucho el camino.

Existen muchas (pero que muchísimas) otras áreas de nuestra vida en las que este sistema de autoconocimiento nos va a ayudar, pero si nos pusiéramos a enumerarlas todas no terminaríamos nunca, así que solo hemos mencionado las más importantes. Además, cada unx tenemos nuestra propia experiencia con el Diseño Humano y, probablemente, nuestro aprendizaje difiera. Seguro que tú aprenderás y te ayudará en un montón de aspectos en los que nosotrxs quizá no necesitemos tanta ayuda y viceversa.

Y ahora, como ya hemos comentado, vamos a explicarte uno de los puntos fundamentales para conocer tu Diseño Humano y generar tu gráfico: tu fecha, lugar y hora exacta de nacimiento. Si estos datos básicos no son lo más precisos posible, no podrás conocer tu diseño de forma fiable.

¿Quieres saber por qué?

FECHA Y HORA EXACTA DE NACIMIENTO

Ya lo hemos dicho, necesitamos nuestra fecha, lugar y hora exacta para poder generar nuestro gráfico. Estos tres datos son clave a la hora de conocer tu Carta de Diseño Humano. Cuanta mayor precisión, más certero será el resultado del gráfico y podrás profundizar mucho más en él con el paso del tiempo.

Normalmente, con la fecha y el lugar de nacimiento no hay ningún problema, pero la hora se nos resiste y suele ser algo más complicada de localizar. Por desgracia, es el dato más importante para calcular nuestro diseño.

La gravedad existe, es obvio. Nadie se lo cuestiona. Si tiras una pelota por la ventana, se cae. Si saltas, caes de nuevo al suelo. Esto pasa porque las grandes masas (en este caso la Tierra) afecta a las masas más pequeñas (tú o la pelota, en este caso).

Cuando nuestra madre nos dio a luz, los planetas (las grandes masas de nuestra galaxia) se encontraban en diferentes posiciones, ángulos y distancias respecto al lugar exacto en el que nacimos. Cada uno de ellos nos afectó de una forma u otra (debido a la física cuántica y a las partículas), en función de la posición en la que se hallasen.

¿Verdad que si miras hacia arriba (el cielo) el Sol no se encuentra en el mismo sitio a las nueve de la mañana que a las seis de la tarde? Pues en el instante de tu nacimiento sucede lo mismo. Es superimportante conocer en qué punto se encontraban los planetas (las grandes masas que te afectan) para poder saber en qué medida te influían en ese momento.

De ahí que sea tan importante conocer la hora con

la mayor precisión posible, ya que cualquier mínimo cambio podría repercutir en tu gráfico. El lugar de nacimiento, por su parte, se utiliza para calcular la zona horaria y determinar (junto con la hora exacta) la posición de los planetas en el segundo de tu nacimiento.

Puede que tu gráfico no varíe nada en un rango de 15 minutos o, en algunos casos, incluso de 1 hora. Pero, por lo general, en la mayoría de las ocasiones, los cambios suelen darse en un intervalo de hasta unos pocos minutos. Es algo que varía mucho en función de la fecha y hora. Así que cuanto más precisos sean estos datos, mejor.

¿Qué puedo hacer si no conozco la hora exacta?

No te preocupes si desconoces a qué hora naciste. Existen varias maneras de averiguar nuestra hora de nacimiento. Aquí tienes una lista de posibles opciones, ordenadas por prioridad y fiabilidad, de arriba abajo:

1. **Certificado de nacimiento:**

   Siempre que se pueda, incluso si crees conocerla de antemano, lo ideal es solicitar nuestro certificado de nacimiento (o la partida de nacimiento) para saber la hora con la mayor precisión posible. El certificado literal de nacimiento es el más completo e incluye todos los datos que hemos mencionado. Por lo general, puedes solicitarlo directamente desde la página web del ayuntamiento de la ciudad en la que vives (o la del Gobierno) y no suelen tardar más de una semana en enviártelo por correo postal a casa.

   Si resides en España, esta es la dirección URL donde puedes solicitar tu certificado de nacimiento sin coste alguno: https://sede.mjusticia. gob.es/es/tramites/certificado-nacimiento.

   Si dispones del certificado electrónico, puedes realizar la tramitación online y descargar el documento de forma inmediata, por lo que no tendrás que esperar a que te llegue a casa.

2. **Rango de horas:**

   Si no tienes acceso a un certificado de nacimiento por el lugar en el que resides, porque es demasiado antiguo o porque no naciste en un hospital, entonces necesitas el rango de horas en el que pudo producirse tu nacimiento. Aquí puedes preguntarles a tus familiares la hora aproximada para hacer el cálculo.

Imagínate que te dicen que fue en torno al desayuno, a eso de las 8.00. Sabiendo eso, tu rango de horas será de 6.00 a 10.00, por ejemplo. Con este dato empiezas a generar las Cartas de Diseño Humano a lo largo de todo el rango, con un espacio de 15 minutos, para ver los posibles cambios. Es decir: creas el gráfico para la fecha en cuestión a las 6.00, a las 6.15, a las 6.30, etc. De esta forma, podrás ver si hay algún cambio significativo en los aspectos más importantes de tu gráfico, que son: El Tipo, la Estrategia, la Autoridad, la Definición y el Perfil. Si no presentan modificaciones, ya cuentas con el 90 por ciento de la información pertinente para tu Diseño Humano. En caso contrario, habrá que hacer un pequeño estudio sobre los diferentes gráficos y ver con cuáles de ellos te identificas más experimentando en el día a día.

3. **Rectificación de hora:**

Si no dispones de tu partida de nacimiento y tampoco conoces un rango de horas concreto porque tus familiares no lo recuerdan, puedes recurrir a una rectificación de la hora de nacimiento.

Lo ideal es que consultes con una persona experta en astrología para que rectifique tu hora de nacimiento. Nosotros no lo hemos necesitado, pero, por lo que hemos estado leyendo, la astrología védica parece una de las más especializadas en este campo.

4. **El péndulo:**

Este último es un método más místico, pero si no has tenido suerte con los anteriores, no pierdes nada por intentarlo. El péndulo consiste en una técnica de adivinación, que se basa en una respuesta corporal interna que se ve reflejada en el propio péndulo. Calcula primero la hora y, después, los minutos exactos. En internet encuentras guías que te explican cómo realizarla paso a paso.

Gracias a estas técnicas, ya no tendrás problemas para saber con exactitud tu hora de nacimiento y generar tu gráfico de Diseño Humano con precisión. Pese a que el certificado de nacimiento es la prueba más fiable, si la hora que figura en él no te cuadra del todo o prefieres comprobarlo de distintas maneras, siempre puedes combinar varias opciones. Así tendrás mayor seguridad de que la hora que introduces sea la correcta.

Y ahora que ya te hemos explicado lo que significa el Diseño Humano, todo en lo que puede ayudarte y la importancia de la hora exacta, vamos a ver de dónde viene esta herramienta. En el siguiente capítulo presentamos la historia de este sistema, la persona que nos lo trajo al mundo y sintetizó toda la información (Ra Uru Hu) y su evolución a lo largo de los años.

¿Listx para viajar años atrás?

1

EL ORIGEN DEL DISEÑO HUMANO

La historia de Ra Uru Hu

Este es uno de los aspectos de esta maravillosa herramienta con la que menos conectamos, ya que el origen de este sistema es bastante místico o inexplicable. En sí, conocer esta historia es completamente prescindible a la hora de aplicar el Diseño Humano en el día a día, así que estate tranquilx si no crees o no entiendes alguna parte. Tómatelo más bien como un cuento, una historia que te relata cómo surgió el Diseño Humano, cómo Ra Uru Hu (que ahora te contamos quién es) lo expuso al mundo y cómo fue cogiendo forma hasta convertirse en lo que es a día de hoy.

Érase una vez un tal Alan Krakower, conocido en la actualidad como Ra Uru Hu, un hombre canadiense, en apariencia normal, que había estudiado y trabajado en el mundo de los medios de comunicación y la publicidad.

Un día del año 1987, Ra Uru Hu se encontraba en la isla de Ibiza cuando le pasó algo totalmente inesperado que cambió su existencia por completo: un encuentro místico de varios días en los que recibió toda la información de las bases del Diseño Humano.

En aquella época su vida era bastante salvaje, según sus propias palabras, incluso reconoció que no se encontraba muy cuerdo por aquel entonces. Todo ocurrió en medio de esa época, en un día que parecía tan normal como el resto.

Aquel día, al llegar a casa, su perro corrió a saludarle como siempre, pero esta vez sucedió algo sobrenatural: el perro se desplomó a sus pies. Ra Uru Hu, atónito por la situación, se quedó paralizado. Entonces, empezó a escuchar una voz que se apoderaba de su ser. Una voz un tanto incómoda y desagradable. La Voz empezó a darle órdenes de lo que debía hacer, instrucciones muy claras sobre lo que tenía que escribir en unas tiras de papel. Comenzó así a enseñarle las bases de lo que, sin saberlo, iban a formar el sistema de Diseño Humano. Le habló sobre el big bang, la Cosmología del Rave, los Cristales de Conciencia, las mecánicas y la naturaleza del ser, la mutación de 2027, la aparición de los Rave, etc.

El encuentro con la Voz parecía interminable. Durante ocho días y sus correspondientes noches, Ra Uru Hu no paró de escribir todo lo que la Voz le transmitía. Anonadado y sin poder comprender todos los conceptos todavía, hacía lo que le pedía y escribía lo que le enseñaba. Era como una especie de inteligencia superior a todo lo que había conocido hasta entonces.

El dolor y la agonía se apoderaron de Ra desde el minuto cero, pero el asombro ante ese increíble acontecimiento impidió que se rindiera y tirara la toalla. De modo que consiguió trasladar al papel las enseñanzas de la Voz.

Una vez que escribió la última palabra, la Voz se calló y nunca más volvió, como si nunca hubiese existido, como si todo aquello jamás hubiese pasado en realidad. Pero las pruebas estaban ahí, todo ese conocimiento seguía sobre el papel. Aunque Ra no quisiera creerlo, sin duda, aquello había sucedido.

En aquel momento, su perro, que continuaba en el mismo lugar en el que se había desplomado, recobró la vida y se levantó. Ra no podía creer lo que veían sus ojos. Después de todo lo ocurrido en esos ocho días y haber visto revivir a su perro, se quedó trastocado y depresivo. Aunque Ra no lo supiera entonces, este suceso se producía al unísono con la supernova del año 1987 (la SN 1987A).

Los siguientes años los dedicó por completo a este nuevo conocimiento que le había llovido del cielo tras aquel encuentro con la Voz. Invirtió mucho tiempo en experimentar él mismo con todo este conocimiento, poniendo en común los conceptos, organizando las ideas y plasmándolo de una forma que pudiese ser más comprensible para poder transmitirlo al mundo.

Y así fue hasta el año 1992, cuando fundó la International Human Design School, la primera institución formativa oficial que existió de Diseño Humano. Tras ver el potencial de esta herramienta y haberla puesto en práctica con otras personas, en 1999 Ra y su familia establecieron Jovian Archive, la empresa bajo la que impartían todo su conocimiento sobre el Diseño Humano y compartían sus experiencias.

Ra falleció en 2011. Dedicó más de 25 años a transmitir y enseñar las enseñanzas que adquirió durante aquellos ocho días en Ibiza. En la actualidad, numerosos analistas y especialistas de Diseño Humano mantienen vivo su legado expandiendo esta herramienta tan práctica y asombrosa.

Y colorín colorado, este cuento se ha acabado.

Como has podido ver, el origen de la herramienta poco tiene que ver con lo práctica y asombrosa que es. Es un origen muy esotérico que conviene conocer para saber de dónde surge todo este conocimiento, pero, repetimos, no es necesario a la hora de aplicarlo en nuestro día a día y ver los cambios que nos puede traer.

Además, a lo largo de todos estos años, el Diseño Humano ha tenido muchísimas ramas y una evolución de conceptos que modifican por completo la visión de años atrás. Ha pasado de ser una herramienta un tanto selecta utilizada solo por una minoría a una forma de vivir y de autoconocerse superpráctica, enseñada y transmitida por miles de especialistas que se dedican a ello cada día de su vida. Y cada una de esas personas tienen formas muy distintas de impartir y comunicar este conocimiento.

¡Vemos cuál ha sido su evolución!

Evolución del Diseño Humano

Lo primero que nos viene a la mente a la hora de pensar en la evolución que ha experimentado el Diseño Humano a lo largo de estos años es el hecho de que todavía sigue siendo un bebé.

Para ponerlo en contexto, observa esta lista:

La astrología: se estima que se descubrió en el año 2000 a. C.

El I Ching: los primeros textos del I Ching se remontan a 1200 a. C.

La cábala judía: nació entre los judíos allá por el año 1100.

La física cuántica: teoría fundada por Max Planck en 1900.

La genética: se inició con una investigación de Mendel en 1866.

Los chakras: un británico los estudió por primera vez en 1927.

El Diseño Humano: el encuentro con la Voz se produjo en 1987.

Es una herramienta prácticamente nueva, ni siquiera ha cumplido los cien años de vida. Ra realizó un duro esfuerzo durante los primeros cinco años, antes de decidir fundar la escuela, para organizar todo el conocimiento que le había sido transmitido y poder compartirlo con el mundo.

Sin embargo, esto no significa que este conocimiento ya esté del todo pulido. Como hemos mencionado en la introducción del libro, ninguna verdad es absoluta y todo evoluciona. Con el Diseño Humano está ocurriendo lo mismo. La forma en la que se transmitió durante los primeros años tras salir a la luz es muy distinta a cómo se enseña ahora. Y en los próximos años, seguiremos viendo cambios que mejorarán el sistema y lo harán más accesible para todo tipo de públicos.

De todas las partes en las que ha ido evolucionando, nosotrxs vamos a exponer aquí dos que creemos que han sido fundamentales para poder llegar hoy a ser la herramienta que es.

1. **Los nueve Centros y los Tipos**

Tanto los Centros como los Tipos son conceptos que te vamos a explicar más adelante, por lo que, si ahora no entiendes parte de esta sección, no te preocupes. Ahora mismo solo queremos mostrarte uno de los cambios importantes que ha tenido el Diseño Humano, no que te pares a aprender ninguno de estos dos conceptos nuevos.

Aunque en este libro (y en cualquier otro contenido que encuentres relacionado con el Diseño Humano) vas a leer que los Tipos son una de las partes más importantes del Diseño Humano, no siempre ha sido así. Al principio, en aquel encuentro con la Voz, Ra Uru Hu no llegó a escribir nada respecto a los Tipos de Energía. Toda esta información que a día de hoy obtenemos con los Tipos se adquiría mediante la combinación de los Centros en color y en blanco.

Es ahí donde nacieron los Tipos de Energía que conocemos en la actualidad (Generadores, Generadores Manifestantes, Proyectores, Manifestadores y Reflectores). Al principio, el análisis del Diseño Humano de una persona se estudiaba principalmente mediante los Centros y Canales definidos o sin definir que presentaba. Pero, por desgracia, todo esto era demasiado avanzado y enrevesado como para enseñarlo a la mayoría de las personas.

Así que para facilitar y poder transmitir de una forma más sencilla todo este conocimiento, se decidió crear los Tipos de Energía y englobar las cualidades de las diferentes activaciones de los Centros en cada uno de estos tipos.

Esto supuso un antes y un después a la hora de mostrar el Diseño Humano al mundo, ya que de esta forma se lograba llevar el conocimiento a muchísimas más personas. Era mucho más comprensible y sencillo, por lo que ya no pertenecía solo a un grupo selecto de individuos que decidía dedicar su vida a ello.

2. **Escuela tradicional y nuevas escuelas**

Al principio, como hemos comentado en la sección anterior, este conocimiento estaba limitado a unas pocas personas que estaban dispuestas a entenderlo y aceptaban que tenía que ser transmitido por Ra y quienes le acompañaban en su escuela más «oficial» o tradicional.

Esto es algo que ha cambiado con el paso de los años, ya que muchos de los seguidores de esa escuela tradicional decidieron emprender su propio camino y exponer ese conocimiento desde su experiencia. Esto hizo que pudiese haber distintos puntos de vista en función de las experiencias de cada persona, un aspecto que ha potenciado en gran medid la expansión de este conocimiento.

Al fin y al cabo, no es lo mismo que una persona Manifestadora te transmita lo que significa ser del Tipo Manifestador y cómo funciona que te explique lo que supone ser del Tipo Proyector y la forma en la que se maneja en la vida. Evidentemente, cuando te hable del Tipo Manifestador dispondrá de más conocimientos y experiencias propias que a la hora de hablar del Tipo Proyector por el simple hecho de que experimenta en sus propias carnes toda esa teoría escrita en papel.

¡Ojo! En ningún momento queremos desprestigiar el valor de las escuelas tradicionales ni los orígenes de esta herramienta. Solo queremos recalcar la importancia de que haya evolucionado hacia nuevas ramas y formas de trabajar con la herramienta. Todo esto gracias a personas que decidieron seguir su propio camino después de haber aprendido de la fuente y que moldearon toda esa información según sus vivencias y su diseño.

Esto implica que los conocimientos que ahora tenemos sobre Diseño Humano sean mucho más frescos, más prácticos y más amplios. Que haya tantísimos profesionales utilizando esta herramienta en su día a día y adaptando la teoría de acuerdo con lo que viven y experimentan convierten al Diseño Humano en una herramienta mucho más sólida y completa.

Con los años, se han ido perfeccionando muchos más aspectos, pero, como comentábamos unos párrafos antes, el Diseño Humano sigue siendo un bebé. Queda mucho recorrido por delante para dar a conocer esta herramienta y mejorarla mediante la experiencia de cada unx de nosotrxs.

Es cierto que, como consecuencia de esta expansión, ahora la información es más accesible gracias a esta nueva generación de especialistas que facilitan:

- **La cuestión económica:** se puede acceder a este conocimiento de forma gratuita, o por lo menos sin la necesidad de desembolsar miles de euros, ya que existen cursos de formación, recursos, vídeos y productos con precios mucho más asequibles.
- **Un lenguaje accesible:** una forma cercana y amena de comunicar todo este conocimiento, con experiencias de la vida cotidiana y un tono más empoderante y positivo de lo que se utilizaba antes.

Pero basta de teoría, por ahora. Ya te hemos dado una pequeña introducción sobre lo que es el Diseño Humano y los beneficios que te aporta, te hemos contado el origen y la evolución de la herramienta a lo largo de los años y te hemos puesto la miel en la boca. Así que en el siguiente capítulo arrancaremos con la parte práctica. Vas a empezar a conocer tu Diseño Humano generando tu Carta de Rave y aprendiendo los tres puntos más importantes.

¿Preparadx para descubrir tu Diseño Humano?

2

CONOCIENDO TU DISEÑO HUMANO

Genera tu Carta de Rave

Prepárate porque aquí ya entramos en materia de forma práctica. En este capítulo aprenderás a generar tu Carta de Diseño Humano (también conocida como Carta de Rave).

Te vamos a explicar paso a paso el proceso para generar tu carta, tanto desde nuestra página web (micartadisenohumano.com) como desde nuestra aplicación móvil, para que puedas disponer de ella siempre que lo necesites.

Antes de nada, recuerda que necesitas tener a mano:

- tu lugar de nacimiento,
- la fecha de nacimiento,
- la hora de nacimiento lo más exacta posible.

¿Ya tienes estos datos? ¡Pues empecemos!

Puedes generar tu Carta de Rave en nuestra web micartadisenohumano.com o a través de nuestra aplicación «Mi Carta Diseño Humano». En ambos casos, tan solo tendrás que acceder al apartado «Crea tu gráfico» y rellenar el formulario con los datos que hemos mencionado anteriormente. Aquí tienes los enlaces:

- Web: https://micartadisenohumano.com/diseno-humano-carta/
- App Android: micartadisenohumano.com/android/
- App iPhone: micartadisenohumano.com/ios/

¡Ahora sí, ya podemos empezar a investigar el gráfico!

Tanto si lo has hecho mediante la web como desde la aplicación móvil, te recomendamos imprimir la carta para tenerla lo más a mano posible mientras vayas leyendo este libro. Además, de esta forma podrás ir tomando notas sobre el papel o dibujando en las secciones importantes de tu gráfico. Esto te ayudará a interiorizar mucho mejor todos los conceptos. La única forma de aprender de verdad cada una de las partes de tu Diseño Humano es mediante la práctica, la repetición y la experiencia personal. Te resultará más sencillo introducirte en los conceptos generales del Diseño Humano, que explicaremos más adelante, si te centras primero en integrar los que son propios de tu Carta de Diseño Humano. De esta manera, podrás aplicarlos y entenderlos con más facilidad ya que formarán parte de tu día a día. Con esto queremos decir que si, por ejemplo, eres del Tipo Proyector, si bien leer sobre el resto de los Tipos sea importante, te centres más en los ejercicios y la teoría del Tipo Proyector. De esta forma, manejarás antes los conceptos y podrás notar cambios de verdad. Luego, irás integrando el resto de información sobre los demás Tipos, pero primero procura centrarte en el tuyo propio. Una vez que lo domines, ya puedes empezar a darles la lata a tus amistades y familiares contándoles lo increíble que es el Diseño Humano, aconsejándolos, ayudándolos a entenderlo, etc.

Dicho esto, y con tu Carta de Diseño Humano a mano (y preferiblemente impresa en un folio), vamos a ver cuáles son los tres puntos más importantes en los que tenemos que centrarnos en un primer momento.

¿Tienes listo papel y boli?

Ya has generado tu Carta de Rave, y pueden pasar dos cosas: que sea la primera vez que ves un gráfico como este en tu vida, o que hayas visto uno antes porque te habían hablado del Diseño Humano, cosa que te ha llevado a este libro.

Si es la primera vez que ves un gráfico de Diseño Humano, te parecerá lo más extraño del mundo, con tantos colores, números y figuras. No te preocupes, más adelante, en el capítulo 3, «El Gráfico y sus elementos», explicamos estos elementos con mayor profundidad, para que aprendas a reconocerlos en cualquier gráfico.

Si, por el contrario, te resulta familiar, sabrás que las propiedades del gráfico guardan una jerarquía, es decir, algunas características son más importantes que otras a la hora de notar cambios y alinearnos con nuestro diseño.

Por ahora, de todas esas características, vamos a quedarnos con los tres puntos más relevantes. Son los más prácticos a corto plazo, por tanto, es por donde tenemos que empezar a trabajar y estudiar nuestro gráfico.

Estos tres puntos son:

- El Tipo (nuestra energía vital y su funcionamiento)
- La Estrategia (que va ligada a nuestro Tipo)
- La Autoridad (nuestra toma de decisiones)

Conocer en profundidad la manera en la que funcionan estos tres puntos de tu diseño es la clave para comenzar a alinearte con tu Diseño Humano y apreciar cambios. El momento en el que puedas interiorizarlos y los pongas en práctica constituirá un antes y un después.

Existen diferentes maneras de reconocer estos puntos de un gráfico (algunas más complejas que otras), pero como nos gusta ponértelo fácil, los encuentras directamente en tu cuenta, junto a tu Carta, en el listado de «Propiedades del gráfico».

El Tipo

El Tipo áurico representa la forma en la que haces uso de tu energía vital en todas las áreas de tu vida: las relaciones, el trabajo, el ocio, el sueño, etc. Cada Tipo tiene su propia estrategia (que explicaremos con más detalle en la siguiente sección). Se trata de una de las cualidades más importantes en Diseño Humano, ya que nos indica cómo atraemos las oportunidades correctas a nuestra vida (aunque este apartado tiene más que ver con la Estrategia), cómo encajamos en la sociedad y cómo nos relacionamos con el resto de personas.

Aunque se basa en la diferenciación única de los seres humanos, puesto que cada unx de nosotrxs tenemos un diseño único y diferente, el Diseño Humano separa a la humanidad en cuatro grupos principales de arquetipos. Los denominamos Tipos de Diseño Humano, Tipos áuricos o biotipos.

Los cuatro Tipos que diferencia este sistema son:

- el Tipo Generador,
- el Tipo Manifestador,
- el Tipo Proyector,
- el Tipo Reflector.

Dentro del Tipo Generador, también encontramos un subtipo: el Generador Manifestante. Aunque la forma de funcionar es prácticamente idéntica, presenta algunas variaciones con respecto al Generador puro. Ya explicaremos con mayor detalle tanto este subtipo como el resto de los cuatro arquetipos en el capítulo 5, «Los cuatro Tipos de Energía».

Es muy importante que aprendas a (re)conocer tu Tipo y lo integres como parte de tu día a día para poder conocer en profundidad el funcionamiento de tu energía y de tu aura. Pero no te dejes cautivar por la información generalizada que puedas averiguar sobre tu Tipo, ya que, aunque es una de las partes más importantes, tan solo es una de las muchas propiedades y características que tiene tu gráfico de Diseño Humano. Existen dos billones de posibilidades distintas de diferenciación de un gráfico de otro, por lo que, como comprenderás, tu configuración es tremendamente especial.

En las siguientes páginas incluiremos muchos ejemplos prácticos y ejercicios para trabajar según tu Tipo áurico, para poder interiorizar mejor este concepto y ser consciente de los cambios que origina cuando se comprende su funcionamiento.

La Estrategia

Como ya hemos comentado antes, la Estrategia va ligada a nuestro arquetipo (el Tipo) y cada uno de ellos emplea una forma distinta para atraer las oportunidades correctas.

Una persona que conoce bien su Tipo y su Estrategia tendrá muchas menos dificultades a la hora de recibir oportunidades en su vida, posibles proyectos, planes o nuevas relaciones porque estará preparada y habrá atraído las ocasiones más alineadas acorde a su diseño. Sentirá que todo fluye con más naturalidad y que las cosas se van dando como se tienen que dar, sin forzarlas.

Más adelante veremos, junto con los Tipos, cada una de las Estrategias en detalle, pero para que te vayas familiarizando con ellas, aquí te dejamos un pequeño resumen de las cuatro Estrategias que vas a encontrar en función al Tipo energético:

- **Esperar para responder:** esta es la estrategia del Tipo Generador y Generador Manifestante y consiste en esperar a recibir un estímulo externo antes de tomar medidas. En vez de ir por la vida tomando la iniciativa, estas personas cultivan la paciencia suficiente para confiar y aguardar a que les lleguen los estímulos correctos a los que responder.

- **Esperar la invitación:** esta es la estrategia del Tipo Proyector, que necesita esperar a que se le reconozca por aquello que se le da bien y entonces recibirá una invitación para tomar parte en un proyecto, plan, acción o colaboración concretos que le propongan.

- **Informar antes de actuar:** esta es la estrategia del Tipo Manifestador, el único con la capacidad de iniciar de cero lo que le nace de dentro sin tener que esperar a ningún consenso previo, señal externa o invitación de otra persona para entrar en acción. No obstante, para poder hacerlo sin generar fricción y sin que los demás se sientan tan impactados, necesita informar de lo que se dispone a realizar antes de llevarlo a cabo.

- **Esperar un ciclo lunar:** esta es la estrategia del Tipo Reflector. Antes de tomar una decisión importante, debe aprender a tener paciencia y esperar un ciclo lunar completo, que dura aproximadamente unos 28 días. De esta forma, tendrá mucho más clara la decisión final que quiere tomar.

Cada una de estas Estrategias está relacionada con el aura del Tipo energético. El aura es un campo energético que nos rodea y transmite nuestras características principales y nuestra identidad como personas. Mide aproximadamente unos cuatro metros de diámetro y no tiene ningún tipo de obstáculo, por lo que puede traspasar suelos, techos y paredes.

El Tipo y la Estrategia se basan en el funcionamiento mecánico de nuestra aura y la forma en la que expresamos esa energía que irradia. Conocer bien estas Estrategias y su funcionamiento nos ayudará a entender mejor la manera en la que interactuamos con la vida y con el resto de las personas.

La Autoridad

Si alguna vez te has preguntado si existe alguna forma de dejar de tomar malas decisiones y empezar a acertar a la hora de tomarlas, aquí tienes la respuesta que estabas esperando: tu Autoridad interna de Diseño Humano.

Esto no es algo nuevo, siempre ha estado con nosotrxs desde que tenemos consciencia, pero, por desgracia, la mayoría de las veces hemos estado tomando (y seguimos tomando) las decisiones desde la mente en vez de escuchar a nuestro cuerpo.

La mente es nuestra parte lógica, la que puede razonar, justificar y dar motivos tanto a favor como en contra de cualquier situación que nos planteemos. Es capaz de manipular esa señal que nos está mandando nuestro cuerpo (la Autoridad interna) y nos obliga a tomar decisiones que, en realidad, no nos hacen ningún bien. Terminamos decidiéndonos en función del qué dirán o de los resultados que intentamos obtener, sin pararnos a pensar en lo que necesitamos o queremos de verdad.

La mente está aquí para interpretar, enseñar, inspirar, recordar, organizar, poner nombre, guardar y procesar datos, pero nunca para saber lo que es bueno o malo para ti. Siempre va a querer llevar el control de lo que sucede y justificar todas nuestras acciones y decisiones en cada momento, pero tenemos que aprender a dejarla a un lado para empezar a escuchar lo que nuestro cuerpo intenta decirnos.

Se trata de una tarea complicada porque supone confiar plenamente en nuestra energía y nuestro diseño y apartar lo que nos dice la cabeza. Es imposible tener el control absoluto de todo lo que nos sucede en la vida o lo que queremos que nos suceda, y el Diseño Humano nos lo enseña a través de nuestra Autoridad interna.

Entender cómo funciona tu Autoridad en particular y empezar a ponerla en práctica cada vez que debas tomar una decisión importante va a suponer un cambio inimaginable en tu día a día, te lo aseguramos. La combinación de Tipo + Estrategia + Autoridad es una de las recetas más potentes que puedas encontrar en el mercado.

Existen siete Autoridades distintas en el Diseño Humano, cada una de ellas muy particular, con un funcionamiento específico. Tener un tipo de autoridad u otra depende directamente de los Centros que tenemos activados (es decir, en color) en nuestro gráfico del Diseño Humano. Las siete Autoridades internas que existen son:

1. **Autoridad emocional:** las personas que tienen esta Autoridad necesitan darse un poco de tiempo para asentar sus emociones antes de tomar una decisión final. Gracias a esa espera, sabrán si algo les conviene o no. Se conceden un poco de tiempo para saber lo que desean en realidad y decidir de la forma más correcta. La paciencia es un elemento básico para las personas que tienen esta Autoridad.

2. **Autoridad sacral:** quien tiene Autoridad sacral (o Autoridad del sacro) toma decisiones completamente espontáneas. Cuando llega el momento de decidirse o de responder, su cuerpo les envía una señal (por lo general, desde la parte baja de la barriga) que les avisa de si disponen de energía suficiente para llevarlo a cabo o no. Esta señal es lo que en el Diseño Humano llamamos la «Respuesta sacral», una respuesta inmediata que no necesita de tiempo de espera para reaccionar.

3. **Autoridad del bazo:** esta Autoridad (también conocida como Autoridad esplénica) se basa completamente en la intuición. Una especie de

vocecita dentro de las personas que tienen esta Autoridad les va susurrando si el camino que están escogiendo es el correcto o no. Es una señal muy sutil, así que exige estar muy atentos para no perderse esa señal que nos manda.

4. **Autoridad del ego:** las personas con esta Autoridad necesitan fiarse y guiarse siempre por lo que realmente desean desde su más profundo ser. Puede que parezcan personas más egoístas desde fuera, pero esto es algo que les hace bien. Tienen que tomar la decisión en función de lo que su corazón les indique y aquello que pueda reportarles el mayor beneficio (por lo general, en el plano económico o material).

5. **Autoridad del ser:** estas personas necesitan hablar en voz alta para poder tener claridad respecto a la decisión que quieren tomar. Es muy importante que se quiten el miedo a hablar tanto como lo necesiten porque la mejor decisión que tomen dependerá de lo bien que hayan sabido oírse hablando en voz alta. La claridad les viene después de haber estado un buen rato hablando y escuchándose, deben

prestar atención a la energía que hay detrás de sus palabras, no a las palabras en sí, y al tono y los matices de su voz.

6. **Autoridad mental:** quien tiene esta Autoridad necesita cuidar mucho del entorno en el que se encuentra. Para estas personas, lo más importante es estar en el lugar correcto y con las personas adecuadas en el momento de tomar una decisión. Expresan en voz alta lo que sienten respecto a una decisión que tienen que tomar sin ser aconsejadas, guiadas, juzgadas o forzadas.

7. **Autoridad lunar:** aquí es donde entra el Tipo Reflector. Como veíamos en el apartado de la Estrategia, necesitan esperar un ciclo lunar completo, que dura más o menos unos 28 días, antes de tomar una decisión importante.

Está claro que no vivimos en un mundo ideal y que no siempre vamos a poder tomar las decisiones de forma idónea, alineadas perfectamente con nuestro Diseño Humano. Pero en la medida de lo posible debemos intentar que al menos las más importantes sean tomadas teniendo en cuenta todo lo que hemos comentado de cada una. De esta forma, nos aseguramos de que los resultados de esas decisiones sean los más correctos posible y no conlleven ningún tipo de fricción futura por habernos equivocado al tomarlas.

No dejes que la mente interfiera, tu cuerpo sabe lo que necesitas y te lo expresa en todo momento. Recuerda que la mente no está aquí para tomar decisiones. Si sientes que no te apetece ir a ese evento y tu cuerpo te lo está avisando, no vayas solo porque tu mente te dice que deberías ir porque habrá repercusiones. Eso solo generará fricción, y, al no estar energéticamente disponible, el evento no saldrá como esperabas.

Recuerda que tanto la Estrategia como la Autoridad van de la mano para poder sacarles el máximo provecho posible. Así que interioriza bien ambos conceptos, estúdialos a fondo y ponlos en práctica en el día a día. Además, no te cortes a la hora de explicarles a tus seres queridos, familiares y amistades cómo funciona tu diseño y háblales sobre estos tres puntos. Es fundamental que, si tu Autoridad requiere de más paciencia, se lo hagas saber. O que, si eres una persona más espontánea, no les pille por sorpresa.

Ten presente que es un proceso, así que no va a ser cuestión de días, pero con el paso de los años te encontrarás cada vez más y más alineadx con tu Diseño Humano, seguro.

Y ahora vamos a pasar a ver el Gráfico y sus elementos y te explicaremos punto a punto las características y los elementos de una Carta de Rave, para que puedas reconocerlos y familiarizarte con ellos.

Tienes tu gráfico a mano, ¿verdad?

3

EL GRÁFICO Y SUS ELEMENTOS

La Carta de Rave / Gráfico de Diseño Humano

En el capítulo anterior, te hemos explicado cómo puedes generar tu Carta de Diseño Humano de forma gratuita desde nuestra web o nuestra aplicación móvil y hemos visto una pequeña introducción de los tres puntos más importantes del gráfico.

Ahora vamos a entrar con más profundidad en ese gráfico y sus elementos, así que lo ideal es que tengas tu Carta de Rave lo más a mano posible, para tomar apuntes, tenerla como referencia y aprender a identificar los elementos que encontrarás en ella. Además, te vamos a indicar con cuál de los sistemas que utiliza el Diseño Humano (como la astrología, el I Ching o la cábala, por ejemplo) está relacionado cada uno de los apartados de la carta. Así que ten a mano papel y boli para tomar los apuntes que necesites.

En primer lugar, señalamos los elementos que nos encontramos en un gráfico. Como puedes observar en la siguiente imagen, la carta nos aporta información sobre las columnas de diseño y personalidad, los planetas y las activaciones de las puertas, los Centros (que pueden encontrarse definidos o sin definir) y los Canales que conectan dichos Centros. Asimismo, nos presenta información sobre las Variables (las cuatro flechitas a la altura de la cabeza) y sobre las líneas de cada una de las Puertas activas (los números que siguen al planeta en las columnas de Diseño y Personalidad). Pero estos últimos conceptos son mucho más avanzados, así que, por ahora, nos centramos solo en los primeros.

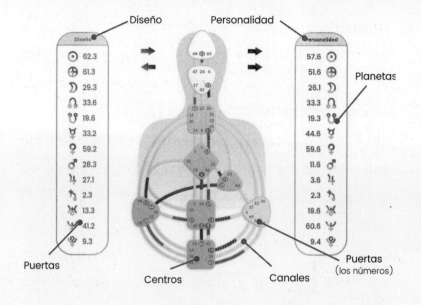

Diseño   Personalidad

Planetas

Puertas   Puertas
(los números)

Centros   Canales

Veamos ahora cada uno de estos elementos con más detalle, para poder entender mejor cómo funcionan y de qué forma pueden afectar a nuestro gráfico.

Mandala de Rave

Ya hemos comentado anteriormente en la introducción que la carta se calcula a través del Mandala de Rave, en donde se ven reflejadas todas las activaciones planetarias y los signos del zodiaco en sus ruedas externas.

Si te fijas, en el Mandala podemos encontrar información distinta a la de la carta debido a su presentación. Por un lado, no aparecen esas dos columnas de Diseño y Personalidad, sino que el Cuerpo Gráfico (la imagen con forma humana del centro) está rodeado de dos anillos o ruedas.

El Anillo Exterior

Por un lado, en la parte más exterior del Mandala, encontramos un círculo formado por 64 secciones, cada una las cuales con un número (que va del 1 al 64). Estos números, como ya veremos más adelante, son lo que llamamos «Puertas de Diseño Humano» y tienen origen en los 64 hexagramas del I Ching.

En este Anillo Exterior es donde podemos apreciar las distintas activaciones de las Puertas que se marcarán después en nuestro Cuerpo Gráfico. Es decir, si vemos que uno de los números tiene color (como, por ejemplo, el número 7 en la imagen anterior), también se marcará en el centro del Mandala, en el Cuerpo Gráfico (mediante el color rojo o negro, dependiendo de si esa activación es de Diseño o de Personalidad).

Fuera de este círculo, podemos encontrar también unas figuras, compuestas por diferentes líneas, que representan el hexagrama específico de la Puerta. Esto nos aporta información sobre la línea de esa Puerta en concreto (que más adelante se representará como un decimal en las columnas de Diseño y Personalidad). Pero esto último, como hemos comentado antes, es mucho más avanzado y no nos debería importar por ahora.

El Anillo Interior

Por otro lado, en la parte interna del Mandala, tenemos otro círculo que rodea el Cuerpo Gráfico del centro. Este segundo anillo representa los 12 signos astrológicos y está relacionado con el universo, las estrellas y los planetas que nos rodean. Antaño, los seres humanos representaban el universo que conocemos mediante estos signos.

El Diseño Humano hace uso de este mismo sistema que se utiliza en la astrología para poder hacer una fotografía del cielo en el momento de tu nacimiento. Pero, a diferencia del cálculo natal único que se utiliza en astrología, el Diseño Humano está basado en dos cálculos diferentes a la hora de tener en cuenta las posiciones de los planetas. Esto es lo que más adelante veremos reflejado en las columnas de Diseño y Personalidad, por lo que lo explicaremos en detalle en el siguiente punto.

El resto de los elementos internos del Mandala son parte del Cuerpo Gráfico. Podemos observar que se dibuja la misma figura que en la Carta de Rave, con todos los elementos mencionados anteriormente (donde podemos apreciar los Centros, Canales y Puertas principalmente).

Así que, una vez explicado de dónde proviene el Gráfico de Diseño Humano y todos los elementos principales del Mandala, adentrémonos en comprender el Cuerpo Gráfico. Empezaremos explicando cuál es la diferencia entre la columna de Diseño y la de Personalidad.

DISEÑO Y PERSONALIDAD

Encontramos dos columnas en la Carta de Rave. A la derecha, una columna de color negro a la que llamamos «Columna de Personalidad»; a la izquierda, otra de color rojo que se conoce como «Columna de Diseño».

La columna de Personalidad representa nuestra parte consciente, todos esos rasgos propios de nuestra personalidad que nos es fácil reconocer de nosotros mismos. Se representa mediante el color negro en el Cuerpo Gráfico. Es decir, todos los Canales y Puertas que estén dibujadas de color negro son activaciones de la parte consciente de nuestra personalidad. Procede del cálculo natal, en concreto, del momento exacto de nuestro nacimiento.

Por otro lado, la columna de Diseño se encarga de representar nuestra parte inconsciente, de todo aquello de lo que probablemente no nos damos cuenta pero que forma parte de nuestra naturaleza. Se representa en el Cuerpo Gráfico mediante el color rojo. Esta información se procede de un cálculo prenatal, es decir, que se obtiene teniendo en cuenta los aproximadamente 88 días previos a la fecha de nacimiento.

El Cuerpo Gráfico, en realidad, es una suma de ambas columnas, cuya unión forma el Quantum (el Gráfico que mezcla ambos colores, rojo y negro). Así, se genera por un lado un gráfico que solo tiene en cuenta la columna de Diseño; por otro lado, otro que solo tienen en cuenta la de Personalidad, y cuando se juntan se crea lo que ya conocemos como Cuerpo Gráfico de Diseño Humano (siguiente imagen).

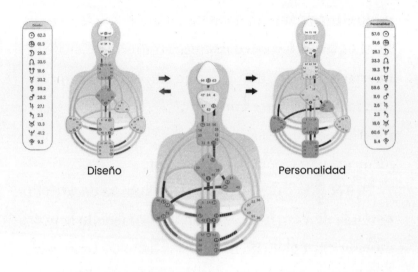

Diseño   Personalidad

Esto nos va a dar una guía sobre las distintas energías de nosotrxs mismxs. De algunas seremos conscientes, pero puede que de otras no. Quizá nos cueste sentirnos identificados o apreciar la energía de las Puertas o los Canales que pertenecen a la columna de Diseño (de color rojo), ya que forman parte de nuestro inconsciente. Son mecánicas que a las personas que nos rodean les será fácil detectar y apreciar en nuestra personalidad, pero no nosotrxs, por lo menos hasta este momento.

En ambas columnas podemos observar que hay una serie de símbolos que acompañan a cada una de las Puertas. Estos símbolos son una representación de los distintos planetas que tenemos en cuenta a la hora de hacer los cálculos.

PLANETAS

A la hora de calcular tanto la columna de Diseño como la de Personalidad, tenemos en cuenta la posición de trece planetas distintos. Cada uno de los símbolos representa un planeta diferente y en ambas columnas se repiten los mismos planetas, en el mismo orden exacto.

Si nos fijamos en las columnas de Diseño y Personalidad, al lado de cada uno de los iconos de los Planetas encontramos un número (57.6, por ejemplo). Este número nos indica la posición de dicho Planeta en la rueda del Mandala de Rave a la hora de realizar el cálculo (bien sea el de Diseño o el de Personalidad).

Este apartado no es vital cuando nos adentramos en el Diseño Humano por primera vez, así que solo vamos a mencionar cada uno de los planetas para que te familiarices con ellos pero sin que debas obsesionarte por conocerlos en profundidad. Es información mucho más avanzada que no es relevante en este momento en el que nos encontramos.

- **Sol:** representa nuestra fuerza vital, nuestra energía más primaria, la que más presente podemos encontrar dentro de nosotrxs mismxs. Es nuestra personalidad en sí misma o nuestra herencia genética por parte de nuestros progenitores.
- **Tierra:** esta es la parte que nos conecta con el mundo y tiene que ver con nuestro equilibrio interno. La forma en la que expresamos nuestra energía del sol se equilibra gracias a las raíces que echamos en la tierra. Ambos planetas siempre operan juntos.
- **Luna:** Este astro nocturno tan brillante es una representación de tu motivación, lo que te impulsa a seguir adelante y evolucionar de forma constante con el paso de los años. Una fuerza muy poderosa, siempre presente a lo largo de nuestra vida.

- **Nodo Norte:** no se trata de un planeta en sí sino de uno de los dos nodos de la Luna, pero igualmente tienen la misma importancia que el resto. Representa nuestra dirección y tema de vida a partir de los 38-42 años. En este momento descartamos todo aquello que no funciona y nos quedamos con lo que sí.

- **Nodo Sur:** al igual que el Nodo Norte, no se trata de un planeta, sino de uno de los nodos de la Luna. En este caso, el Nodo Sur representa nuestra dirección y tema de vida antes de llegar a los 38-42 años, cuando se desarrolla la primera fase de vida.

- **Mercurio:** trata sobre la expresión y representa la manera en la que nos comunicamos con los otros. Enseñar y compartir nuestras vivencias son uno de los temas principales de este cuerpo celeste.

- **Venus:** representa nuestros valores más profundos, lo que defendemos y en lo que creemos. Simboliza todo lo que para nosotrxs está bien y lo que no.

- **Marte:** una energía que está por desarrollar.

A este planeta se le conoce como «el maestro» porque recoge una sabiduría que madura con el paso de los años. Aunque al principio se trate de una energía más inmadura, con el paso de los años se asienta y se convierte en una fuente de aprendizaje tanto para ti como para el resto.

- **Júpiter:** debido a su tamaño, es uno de los astros que mayor influencia tienen en nosotrxs. Aquí encontramos las leyes y la protección, en función de lo que es correcto para unx mismx. Y siempre que respetes eso que para ti es ley te recompensará con buena suerte.
- **Saturno:** en el momento en el que te saltas las reglas, hay repercusiones. En este astro se representan esas consecuencias de tus acciones. Mientras no incumplas tus propias reglas podrás estar tranquilx y no sufrir las consecuencias.
- **Urano:** todxs tenemos una parte de nosotrxs que sale de forma más esporádica. Esto es lo que representa Urano, lo inusual en nosotrxs, lo diferente. Es nuestra parte más individual y rarita, la que compartimos con muy pocas personas.
- **Neptuno:** en el momento en el que hay una con-

fianza en las mecánicas de tu diseño y de la vida en general, es cuando puedes vivir un viaje espiritual con mucha más tranquilidad y sin resistencias. Neptuno es la representación de este viaje.

- **Plutón:** Se dice que el subconsciente nunca miente, y es verdad. Lo que sale de dentro sale puro y sin filtros. Este planeta se encarga de mostrarte la verdad en todo momento, para que te enfrentes a ella y la mires a los ojos.

Toda esta información también se relaciona con la astrología, ya que, al igual que esta herramienta, hace uso de los astros y de la forma en la que nos afectan para realizar los cálculos y explicar la carta. Así que, si quieres más información, te recomendamos profundizar más con la ayuda de una persona experta en astrología.

Y ahora sí, pasemos al interior del Cuerpo Gráfico, donde hallamos varias figuras geométricas con números en su interior. Estas figuras se encuentran conectadas entre sí mediante una especie de tuberías (los

Canales) y son lo que en Diseño Humano se conoce como «Centros».

Centros

Los Centros son las nueve figuras geométricas que encontramos dentro del gráfico. Podemos observar diferentes formas geométricas entre las que se incluyen: cinco triángulos, tres cuadrados y un rombo. Cada uno gobierna un ámbito o temática distinto de la vida y está relacionado con un conjunto de órganos de nuestro cuerpo físico.

Están relacionados con el sistema de chakras, con la pequeña diferencia de que el número de chakras son siete y los Centros, como hemos dicho, nueve. Esto se debe a que en 1781 hubo una mutación en los seres humanos y pasamos de tener siete Centros a nueve. Si te interesa aprender más sobre esto, puedes encontrar más información leyendo sobre la historia del Diseño Humano, pero no es un dato relevante a la hora de analizar un gráfico, y mucho menos de entender los Centros en sí.

En esta imagen puedes visualizar cada uno de los Centros, marcados con su nombre y sus temáticas principales a modo de resumen. En la próxima sección, en el capítulo 4, «Los nueve Centros del gráfico», encontrarás información más detallada sobre cada uno de ellos.

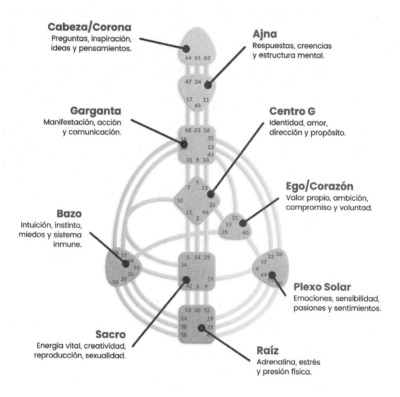

Cabeza/Corona
Preguntas, inspiración, ideas y pensamientos.

Ajna
Respuestas, creencias y estructura mental.

Garganta
Manifestación, acción y comunicación.

Centro G
Identidad, amor, dirección y propósito.

Ego/Corazón
Valor propio, ambición, compromiso y voluntad.

Bazo
Intuición, instinto, miedos y sistema inmune.

Plexo Solar
Emociones, sensibilidad, pasiones y sentimientos.

Sacro
Energía vital, creatividad, reproducción, sexualidad.

Raíz
Adrenalina, estrés y presión física.

Cada uno de ellos se encarga de trabajar un área específica de nuestra vida y de la energía que se mueve por el Gráfico. Aunque en el siguiente capítulo los estudiaremos en profundidad, aquí tienes una lista a modo de resumen para que vayas familiarizándote con ellos:

- **Centro Cabeza:** un centro de presión. Se encarga de realizar las preguntas de la vida. Es el responsable de la inspiración mental y de generar presión hacia el Ajna.
- **Centro Ajna:** un centro de conciencia. Es aquí donde nace el pensamiento. Se analiza, investiga, organiza y se da respuesta a las preguntas de la Cabeza.
- **Centro Garganta:** un centro de expresión y comunicación. Es el centro que transforma toda la energía en movimiento y los pensamientos en palabras.
- **Centro G/Ser:** nuestra brújula. Donde se esconde nuestra identidad y se da sentido a quienes somos, lo que hacemos y el amor que expresamos al mundo.
- **Centro Ego:** un centro motor. Nuestra autoestima y fuerza de voluntad surgen de este centro. Aquí se define nuestro sentimiento de valor propio.

- **Centro Bazo:** un centro de conciencia. En él encontramos la intuición, el instinto y los miedos por sobrevivir. Se asegura de nuestra supervivencia.
- **Centro Plexo Solar:** un centro motor y conciencia en mutación. Es aquí donde nacen todo el rango de emociones del ser humano.
- **Centro Sacral:** un centro motor. Una poderosa fuente de energía que nos aporta vitalidad, creatividad y persistencia. Aquí hallamos el trabajo, la sexualidad, la reproducción y la crianza.
- **Centro Raíz:** un centro de presión. Este es el encargado de generar adrenalina y presionar al Sacro para despertar toda esa energía que se encuentra a la espera.

Como has podido apreciar en el gráfico, todos los Centros tienen un montón de numeritos en su interior, que coinciden con los canales o tuberías de los extremos. Estos numeritos de aquí son lo que llamamos «Puertas» en Diseño Humano. Y los canales o las tuberías, cómo su nombre indica, son los «Canales» de Diseño Humano.

Vamos a entrar un poquito más en detalle en lo que son las Puertas y de qué forma funcionan o se conectan entre sí a la hora de hacer circular la energía por el Gráfico.

Puertas

Existen un total de 64 Puertas (recuerda que provienen del Anillo Exterior del Mandala de Rave, como hemos comentado antes) y cada una de ellas está relacionada con un hexagrama del I Ching.

Las Puertas pueden estar activas (en color) o inactivas (en blanco) y dependiendo de esto dejan pasar la energía de un Centro a otro a través del Canal (las tuberías entre los Centros) en el que se encuentran. El hecho de que se encuentren activas o no depende de si aparecen en alguna de las columnas de Diseño o Personalidad, ya que, en ese caso, significa que en el Mandala de Rave estarían marcadas en el Anillo Exterior que hemos comentado antes.

En la siguiente imagen podemos ver un ejemplo de tres Puertas activas en el Cuerpo Gráfico. Por un lado, tenemos la Puerta 62, que se encuentra activa en la columna de Diseño (por eso es de color rojo) y sale del Centro Garganta. Por otro lado, podemos ver que la Puerta 51 también se encuentra activa, en este caso en la columna de Personalidad (ya que es de color negro). Y, finalmente, la Puerta 33, que se encuentra activa en ambas columnas, tanto en la de Diseño como la de Personalidad (por eso es tanto roja como negra y se encuentra marcada a rayas).

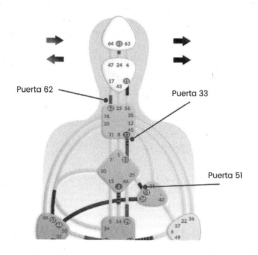

En muchas ocasiones se repite el mismo número de puerta en ambas columnas (como hemos observado en el caso anterior), así que no siempre tenemos un mismo número de puertas activas en todos los gráficos. Varía totalmente en función a cada persona, según su fecha y hora de nacimiento. Esto tiene que ver con las puertas repetidas.

Hay un total de 26 activaciones posibles, pero puede que no haya el mismo número de Puertas únicas, ya que dos planetas pueden encontrarse en la misma posición en el Mandala de Rave, por lo que la Puerta Activa sería la misma. Por ejemplo, imaginemos que la Puerta 51 se repite varias veces en la columna de Personalidad. En el Cuerpo Gráfico solo se va a poner en color una vez, así que el total de Puertas dibujadas ya no serán las 26 activaciones posibles. Eso solo se dará en los casos de que no se repita ninguna puerta. En este caso, en vez de 26 activaciones serían 24, ya que una Puerta se repite tres veces pero solo se dibuja una en el gráfico.

Si quieres más información de cada una de las 64 Puertas y su funcionamiento específico, puedes encontrar un listado completo y una página detallada para cada una de ellas en nuestra web micartadiseno humano.com.

Ahora veamos cómo funcionan las conexiones entre los Centros mediante las dos Puertas que los unen. En Diseño Humano, a estas las llamamos «Canales».

CANALES

Existen un total de 36 Canales en el sistema de Diseño Humano. Los Canales son las tuberías que conectan los nueve Centros del gráfico y nos hablan de las fortalezas específicas que tiene una persona en los distintos ámbitos de su vida.

Es una energía activa 24/7 en el gráfico, una energía en la que se puede confiar, a la que uno puede aferrarse. Está marcada completamente en la naturaleza. Podemos encontrar tres tipos de Canales:

- **Canal sin definir:** cuando no tenemos ninguna de las dos Puertas activas, el Canal se queda sin marcar, en blanco, por lo que decimos que no está definido. Esto significa que esa energía no es consistente en nosotrxs en absoluto.

- **Canal completamente definido:** en el momento en el que las dos Puertas del Canal se encuentran activas se define el Canal completo (está entero marcado con color). En este caso, decimos que el Canal se encuentra definido y, por tanto, esta es una energía completamente fija y consistente en nosotrxs.

- **Canal con una Puerta activa:** por último, cuando una de las Puertas se encuentra activa pero la otra no tenemos un Canal sin definir, pero únicamente influenciado por la energía de la puerta que se encuentra Activa. En este caso, la energía de la Puerta Activa es la dominante.

En la siguiente imagen te mostramos varios ejemplos de distintos Canales, tanto definidos como sin definir. Algunos de estos canales están sin definir (Canal 16-48), otros tienen una sola Puerta activa (Canal 17-62, 28-38 y 12-22) y otros están definidos puesto que tienen ambas Puertas activas (Canal 1-8).

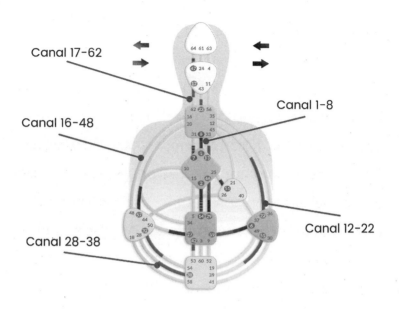

Si quieres más información acerca de cada uno de los Canales que forman tu Diseño Humano, te recomendamos reservar nuestro Manual Personalizado. Es una lectura completamente personalizada de tu gráfico de Diseño Humano en el que te explicamos todos los puntos más importantes de tu diseño. Hablaremos más sobre este informe al final del libro, en el apartado «Materiales y recursos».

Definido / No definido

Ahora que ya hemos visto todos los elementos que conforman el Gráfico de Diseño Humano, vamos a comentar un último detalle importante. A lo largo de las anteriores explicaciones hemos hablado a veces sobre «definido» y «no definido», pero no nos habíamos parado a explicarlo en detalle. Así que veamos lo que significan estos dos conceptos.

En esta imagen te mostramos varios ejemplos de distintos elementos que se encuentran definidos o sin definir en un Cuerpo Gráfico, para que los tengas como guía.

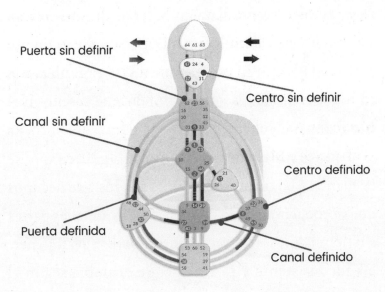

Puerta sin definir

Centro sin definir

Canal sin definir

Centro definido

Puerta definida

Canal definido

Todo lo que se muestra en el Cuerpo Gráfico en color (bien sea un Centro, una Puerta o un Canal) significa que está definido. Todo lo que esté definido en nuestro diseño implica que esas características nuestras son fijas y consistentes en nosotros. Es una naturaleza que llevamos siempre encima, que no varía dependiendo de los otros o el contexto en el que nos encontremos. Es una energía consistente que tenemos accesible en todo momento. Una fuente fiable a la que acudir siempre que lo necesitemos.

Por suerte o por desgracia, esto no es algo que le llame mucho la atención a nuestra cabeza, ya que, al ser una energía ya disponible para nosotros, se convierte en algo menos llamativo. La mente siempre va a intentar enfocarse en lo contrario, en todos los aspectos en blanco, en la parte que no tenemos definida en nuestro diseño. Y aquí es donde entra en juego el condicionamiento.

Todos esos elementos de nuestro gráfico que se encuentran en blanco (sin color) son los que decimos que se encuentran «sin definir». Todas aquellas partes sin definición son la representación de nuestra energía inconsistente y flexible, la que cambia según el contexto y las interacciones con los demás. Mientras lo que está definido nos enseña aquello que jamás varía en nosotrxs, lo que está sin definir nos muestra nuestras características abiertas y receptivas, aquellos ámbitos en los cuales podemos estar más influenciados por el resto de las personas de nuestro entorno.

Son zonas de gran aprendizaje, de mucha sabiduría y evolución como personas. Todo lo que tenemos en blanco en nuestro Diseño Humano nos ayuda a abrirnos al mundo, a ampliar nuestras miras, nuestra perspectiva. Es una energía que va a fluctuar en función del entorno en el que te encuentres o de las personas con las que estés en cada momento. Por lo que, aunque es algo que nos ayuda a la hora de desarrollarnos y transformarnos, no podemos aferrarnos a que esta sea nuestra naturaleza más marcada.

Es importante que aprendamos a fluir con esta naturaleza mutable y con esa energía tan variable, pero siempre recordando que no son la parte más fiable y consistente de nosotros, sino que se expresa de forma flexible dependiendo del lugar y de aquellos que te rodeen.

Y hasta aquí el capítulo sobre el Gráfico y todos sus elementos. Esperamos que después de todas estas explicaciones hayan quedado claros todos los componentes básicos que forman una Carta de Rave y sus funciones principales.

Ahora que ya dominamos todas estas propiedades, es hora de profundizar un poco más en nuestro Diseño Humano, conociendo en detalle el funcionamiento y los estados de cada uno de los nueve Centros. Comprender bien los regalos que cada uno de ellos nos aportan y las posibles distracciones que podemos encontrar al tenerlos definidos o sin definir es absolutamente clave para alinearnos con nuestro propio diseño.

¿Preparadx para conocer los nueve Centros?

4

LOS NUEVE CENTROS
DEL CUERPO GRÁFICO

¿Qué son los Centros?

En el capítulo anterior hemos mencionado de forma resumida lo que significan los Centros y el funcionamiento de cada uno de los nueve Centros que conforman nuestro Cuerpo Gráfico. En este capítulo, vamos a profundizar en la forma en la que funcionan los Centros, sus diferentes estados y la mecánica de cada uno de ellos por separado.

Los nueve Centros constituyen una de las partes más importantes de nuestro gráfico, ya que cada uno de ellos está relacionado con una temática diferente de nuestro ser.

La conexión que hay entre los Centros mediante los Canales se relaciona con el sistema de la cábala (también conocida como «el árbol de la vida») y refleja la forma en la que se mueve la energía a lo largo de todo el Cuerpo Gráfico.

Los Centros pueden encontrarse en tres estados distintos:

- **Definido:** cuando el Centro se encuentra en color en el Cuerpo Gráfico.
- **Sin definir:** cuando el Centro aparece en blanco, pero alguna de sus Puertas sí está definida.
- **Completamente abierto:** cuando tanto el Centro en cuestión como todas sus Puertas se encuentran en blanco (sin definir).

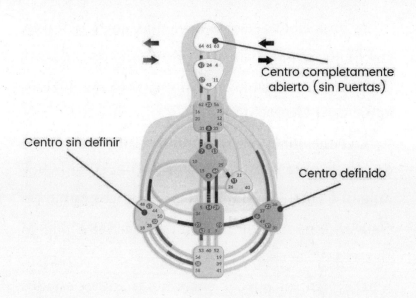

Centro completamente abierto (sin Puertas)

Centro sin definir

Centro definido

Centro definido

Un Centro se define en el momento en el que una de sus Puertas se encuentra activa y se conecta con otra Puerta activa de cualquier otro Centro que tenga conectado mediante uno de los Canales. En el caso de la imagen anterior, el Centro Plexo Solar se encuentra definido, ya que está conectado con el Centro Sacral mediante las Puertas activas 6 y 59. Al hallarse ambas Puertas activas, se definen tanto el Centro Sacral como el Centro Plexo Solar.

Es imposible que solo haya un Centro definido en el Cuerpo Gráfico, ya que necesita de un canal definido para activarse, y en el otro extremo siempre habrá otro Centro definido. Por lo que, como mínimo, habrá dos Centros definidos (salvo en el caso de que se trate de un Reflector, entonces no habrá ningún Centro definido y todos se encontrarán en blanco).

Centros sin definir

Cuando en el Cuerpo Gráfico tenemos un Centro en blanco (sin color) significa que no se encuentra definido. En este caso, algunas de las Puertas dentro del Centro sí que se encuentran activas, pero no terminan de conectar con ningún otro Centro, ya que la puerta contraria a estos se halla inactiva.

Como podemos observar en la imagen anterior, este caso se da en el Centro Bazo, en donde tenemos dos Puertas activas (la 32 y la 57), pero no terminan de conectar con otros Centros. Por tanto, tenemos el Centro Bazo sin definir.

Centro completamente abierto

Cuando un Centro se encuentra en blanco, pero tampoco tiene ninguna Puerta activa en su interior, nos encontramos con un Centro completamente abierto. Esto quiere decir que, además de no conectar con ninguno de los otros Centros, no tiene ninguna definición en sus Puertas. Se trata de uno de los estados que podemos encontrar en un Centro con mayor influencia del exterior. Aquí tanto los regalos como los desafíos que pueden presentarse en este centro se multiplican debido a ese condicionamiento externo.

En la imagen anterior, podemos observar que el Centro Cabeza se trata de un Centro completamente abierto, ya que ninguna de sus tres Puertas (64, 61 y 63) se encuentran activas.

Como explicábamos en el capítulo 1, «El origen del Diseño Humano», al principio no existían los Tipos en Diseño Humano, sino que toda esa información, que más tarde se organizó gracias a los cuatro arquetipos, se podía analizar mediante la conexión y la combinación de estos nueve Centros.

Dependiendo de la forma en la que se combinan los Centros definidos y sin definir (incluyendo los que se encuentran completamente abiertos), podemos saber cuál es el Tipo áurico, la Autoridad y la Definición (otro aspecto del sistema al que no han sabido darle otro nombre) de una persona. Observando cuáles de los Centros se encuentran definidos en el Cuerpo Gráfico y cuáles no, se pueden reconocer rápidamente estos tres aspectos de un solo vistazo, sin tener que consultar las Propiedades de la Carta (ya sea desde nuestra web o desde cualquier otro programa de generación de gráficos que utilicemos). Lo veremos más adelante, en el siguiente capítulo, «Los cuatro Tipos de Energía», en donde te mostraremos qué combinación de Centros es necesaria para diferenciar cada uno de los arquetipos de Diseño Humano.

Ahora veamos cómo funcionan los nueve Centros, sus características básicas, su mecánica principal y sus distintos comportamientos dependiendo del estado en el que se encuentren (definido o sin definir).

El Centro Cabeza

Comenzaremos con la parte superior del Gráfico, donde encontramos el primero de los nueve Centros: el Centro Cabeza (o llamado también Corona, que podemos relacionar fácilmente con el chakra corona). Se trata de uno de los centros que más dolores de cabeza puede traernos (valga la redundancia) debido a que es uno de los más abstractos que veremos a lo largo de este capítulo.

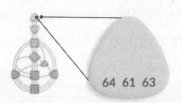

CENTRO CABEZA
Los 9 Centros en Diseño Humano

Centro Cabeza

Tipo de centro
Centro de presión.

Funciones
Preguntas, dudas, presión mental, confusión.

64 61 63

Aquí es donde se forman las preguntas, las dudas de la vida. Es el centro que presiona al Ajna para que se ponga a reflexionar.

¡Visita nuestra web para más infografías!
micartadisenohumano.com

Características del Centro Cabeza

El Centro Cabeza es el primero de los Centros de la parte superior del gráfico, de forma triangular y con un total de tres Puertas en su interior, todas ellas apuntando hacia abajo para conectar con el siguiente Centro del gráfico, el Centro Ajna.

La Cabeza es la encargada de intentar encontrarle un sentido a la vida y a las preguntas que nos surgen en el día a día. Se trata de un Centro de presión (al igual que el Centro Raíz, abajo del todo) y es el responsable de presionar al Ajna para resolver todas esas preguntas y dudas vitales que surgen para solucionar un problema determinado.

En resumen, su funcionamiento es el siguiente: en el momento en el que nos surge una pregunta, este Centro se encarga inmediatamente de generarnos esa presión por darle respuesta lo antes posible. Nos invita a reflexionar y a pensar sobre todas las cuestiones de la vida en general, para poder expandir nuestros conocimientos y estar en constante evolución.

La Cabeza contesta a las tres grandes preguntas

que todos nos hacemos a lo largo de nuestra vida: qué, cómo y por qué. Además, al ser el único Centro de nuestro gráfico que tiene conexión con un único Centro, el Ajna, están ligados entre sí y trabajan siempre juntos. De modo que, por un lado, el Centro Cabeza plantea esas preguntas o desarrolla ciertos pensamientos, y, por otro lado, el Centro Ajna intenta dar forma y respuesta a todo eso que nos viene de la Cabeza. En la siguiente sección, al explicar el Centro Ajna, profundizaremos en ello.

Veamos ahora cómo funciona este Centro, sus potenciales y sus distracciones cuando se encuentra en sus dos posible estados: definido y sin definir (o completamente abierto).

Centro Cabeza definido

En el momento en el que la Cabeza está conectada con el Centro Ajna, esta se halla DEFINIDA. Esto significa que la energía que proviene del centro es una fuente consistente y fiable. Pero ¿cómo funciona esta energía?

Las personas que tienen el Centro Cabeza definido son una gran fuente de inspiración para el resto del mundo. Una inspiración a la hora de pensar, de formular preguntas y de cuestionarse nuevas ideas. Tienen una presión constante en su interior que les fuerza a estar a todas horas haciéndose preguntas, planteando nuevas ideas o dudando sobre la realidad en la que se encuentran.

Debido a esa presión interna, es probable que sientan una enorme necesidad de conocer los grandes porqués de la vida y estarán cuestionando en todo momento nuestra existencia y los misterios que esta esconde. ¿Por qué estamos aquí? ¿Tiene sentido que esto funcione así, de dónde surge? ¿Quiénes somos y de dónde venimos? ¿Habrá algo más allá?

Esto les convierte en personas intelectualmente brillantes, pero es importante que aprendan a no dejarse llevar por toda esa confusión que puede ocasionar tanta duda. Tienen que aprender a utilizar esta capacidad para su propio beneficio y el de los demás a través de la inspiración, nuevas ideas y planteamientos innovadores. Hay menos personas con el Centro Cabeza definido que las que lo tienen sin definir (tan solo un 30 por ciento tienen este Centro definido), por lo que su papel en el mundo es fundamental para poder evolucionar como especie gracias a sus conceptos innovadores y reflexiones profundas.

Todos los Tipos de Diseño Humano pueden tener el Centro Cabeza definido, a excepción del Tipo Reflector (que, como ya veremos más adelante, no tiene ningún centro definido). Por tanto, los Generadores, Generadores Manifestantes, Proyectores o Manifestadores pueden tener este Centro definido.

Para quienes tienen el Centro Cabeza definido lo más complicado es aprender a no darle el poder a la mente (que es la suma o combinación que crean los Centros Cabeza y Ajna) a la hora de tomar decisiones. Recuerda que nuestra mente es la herramienta ideal para pensar, enseñar, transmitir una idea, inspirar, organizar, etc., pero es nefasta si la utilizamos para lo que no sirve, es decir, tomar las decisiones importantes de la vida.

Por lo general, esto es algo que nos cuesta a todo el mundo, ya que intentamos tomar las decisiones haciendo uso de la cabeza, en lugar de fiarnos de lo que nos intenta decir nuestro cuerpo. Como ya hemos comentado en el capítulo 2, «Conociendo tu Diseño Humano», nuestra Autoridad interna es el único lugar fiable que tenemos para tomar las decisiones que están más alineadas con nosotrxs según nuestro diseño.

Por último, también suelen tener mayor facilidad para recordar las cosas. Son personas con mejor memoria que quienes tienen este Centro sin definir, por lo que cuentan con una mayor estructura a la hora de categorizar sus recuerdos, imágenes y experiencias vividas.

Pasemos ahora a ver el otro estado en el que se puede encontrar el Centro Cabeza. Un estado en el que la confusión mental predomina sobre el resto de las cualidades.

Centro Cabeza sin definir

Cuando este Centro no tiene ningún Canal que conecte con el Ajna, se queda en blanco. Esto es a lo que llamamos un Centro Cabeza sin definir. Así que ahora, a diferencia de una Cabeza definida, toda esa consistencia, pensamientos estructurados y dudas constantes desaparecen de un plumazo. No están aquí para inspirar, sino para ser inspirados.

Un Centro Cabeza sin definir es como una especie de esponja (al igual que el resto de los Centros que se encuentran sin definición) a la hora de recibir inspiración. Tienen una mente abierta dispuesta a absorber todas las preguntas, ideas y pensamientos que le llegan del resto de personas.

Son personas superabiertas a información y estímulos de todo tipo, así que necesitan aprender a distinguir muy bien si esa información que viene de fuera es de valor o no. Están constantemente recibiendo preguntas, ideas e inspiración por parte del mundo entero, por lo que tienen que tratar de no identificarse con ello.

En la sociedad en la que vivimos no suele estar bien vista una persona que no tiene claridad mental de forma constante, así que este es uno de los grandes dilemas con los que lidian quienes tienen la Cabeza sin definir. No es ningún defecto ni un error de fábrica, solo es una mecánica natural, y está bien así. Gracias a esa apertura, son personas con más capacidad de adaptación a nuevas ideas, amplifican los pensamientos del resto y saben cuándo hacer uso de esa información para su propio provecho. Así que tener la Cabeza sin definir no es ni mejor ni peor que tenerla definida. Es, simplemente, diferente.

En este caso, aunque tengamos este Centro sin definir, no significa que no podamos tener el Ajna definido, ya que este puede encontrarse conectado con otro de los Centros con los que hace conexión en el gráfico: el Centro Garganta. Por tanto, es posible que recibas la inspiración mental del exterior, pero si tienes el Centro Ajna definido, esa capacidad de procesamiento se da desde tu interior, y esto facilita el poder comunicarlo hacia el exterior (gracias a tener la Garganta definida y conectada al Ajna).

Al igual que con el Centro Cabeza definido, es importante que no trates de tomar las decisiones importantes desde aquí, desde la mente. Ya que, aunque sea mucho más flexible, sigue siendo una Autoridad externa. Y, repetimos, la única fuente fiable a la hora de tomar decisiones importantes es nuestra Autoridad interna.

Cabe destacar también que así somos capaces de tener una panorámica muchísimo más amplia ante cualquier situación. Al no tener una mente tan estructurada y fija como quienes tienen la Cabeza definida, podemos ver el contexto de una forma más abierta y más objetiva. Así que, a la hora de dar una opinión, esta cualidad nos convierte en personas mucho menos subjetivas y menos aferradas a sus ideas internas o pensamientos.

Y hasta aquí la sección sobre el Centro Cabeza, un Centro de preguntas, dudas e inspiración mental, que nos presiona constantemente para dar forma a esas ideas que nacen en la cabeza. Ahora pasaremos a analizar el siguiente Centro, en donde terminan todas estas preguntas, pensamientos y planteamientos sobre la vida: el Centro Ajna.

EL CENTRO AJNA

Continuamos con el siguiente de los Centros de la parte superior del gráfico, por encima de la Garganta: el Centro Ajna. Este Centro y la Cabeza forman lo que comúnmente se conoce como «mente». Se trata de un centro que nos invita a reflexionar y es el lugar en el que se procesa toda la información que nos llueve desde el Centro Cabeza.

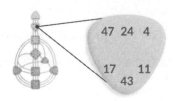

CENTRO AJNA
Los 9 Centros en Diseño Humano

Centro Ajna

Tipo de centro
Centro de conciencia.

Funciones
Pensar, reflexionar, analizar, categorizar.

En este centro, le damos respuesta a todas esas dudas que vienen de la presión de la Cabeza. Es lo que consideramos «mente».

47 24 4
17 11
43

¡Visita nuestra web para más infografías!
micartadisenohumano.com

Características del Centro Ajna

El Centro Ajna tiene también una forma triangular, al igual que la Cabeza, pero se encuentra en una posición invertida. En su parte superior hallamos tres Puertas (47, 24 y 4) y en la parte inferior, otras tres Puertas (17, 43 y 11) que conectan con el Centro que veremos a continuación, el Centro Garganta.

El Centro Ajna constituye un puente entre nuestra Cabeza y la Garganta. Por un lado, se encarga de categorizar y procesar toda la información que le viene desde arriba para poder estructurarla de forma organizada, darle respuesta y finalmente expresarla llevándola al Centro Garganta a través de las tres Puertas que se encuentran en su parte inferior.

Se trata de un Centro de conciencia (al igual que el Centro Bazo y el Centro Plexo Solar) y está aquí para organizar, pensar, analizar, investigar y responder a todas esas preguntas que nos llegan desde la Cabeza (o del exterior).

El Ajna, junto con la Cabeza, forman lo que denominamos «mente». Es importante recalcar que en ningún momento podemos hacer uso de la mente a la hora de tomar decisiones, ya que la única forma de tomar las decisiones correctas y que nos hagan bien es a través de nuestra Autoridad interna.

Y ahora, vamos a ver cómo funciona el Centro Ajna en cada uno de sus estados, las diferencias que apreciamos cuando se encuentra definido o sin definir.

Centro Ajna definido

El Ajna puede estar definido, o bien porque conecta con el Centro Cabeza, o bien porque conecta con el Centro Garganta (o con ambos a la vez). Si tiene la Cabeza definida, tendrá la capacidad de procesar mentalmente de forma más fiable, y en el caso de tener la Garganta definida, estará diseñado para expresar todo el proceso mental que le nace. Con ambos Centros conectados, tendría las dos cualidades al mismo tiempo.

Las personas con el Centro Ajna definido tienen una mente brillante a la que le encanta recibir estímulos constantemente, para poder poner a trabajar el cerebro durante largos periodos de tiempo. Así que les suele gustar dedicar su tiempo a leer, estudiar o consumir cualquier tipo de contenido, siempre y cuando les estimule, mentalmente hablando. Además, al tener esta energía de forma tan consistente, son capaces de enfocarse en aquello que les apasiona el tiempo que haga falta.

Por lo general, quienes tienen este Centro definido son individuos que razonan y conceptualizan de la misma manera siempre. La forma de pensar y de procesar la información será idéntica siempre que hayan escogido una postura respecto a un tema en concreto, por lo que suele ser complicado hacerles ver las situaciones desde cualquier otro punto de vista que no sea el suyo.

Hablamos de blanco o negro. Imagina que una persona que tiene el Ajna definido es antiabortista. Será imposible que vea más allá u opine en contra. Pero si se informa sobre el asunto y, de repente, cambia de opinión y decide ser proaborto, será la postura que defienda sin pensarlo. Suelen tener sus ideas y pensamientos muy claros, sin importar cuáles sean. Hacen gala de una certeza inigualable sobre todo aquello que piensan, a diferencia de quienes tienen un Ajna sin definir. Así que una vez que se han posicionado con un tema o una idea, no ven más allá.

Es importante que no se dejen llevar por el ego y sientan que son superiores al resto por el simple hecho de tener una mente más estructurada y una forma de expresar sus ideas más contundente. Estas cualidades de un Ajna definido no convierten a esa persona en cuestión ni mejor ni peor. Simplemente es una forma diferente de procesar y organizar la información, que luego se comunicará a través de la Garganta. Más o menos, la mitad de la población tiene el Centro Ajna definido y la otra mitad no.

Al contar con una estructura mental tan sólida, suelen ser personas que no se dejan influenciar fácilmente por los demás (por lo menos, en el plano mental). Así que de alguna forma se trata de una especie de blindaje que les ayuda a la hora de tener claro lo que piensan sobre una situación, tema o circunstancia de la vida. Si en algún momento cambian de opinión o se posicionan en el lado contrario, por lo general será porque les nace de dentro y no por influencias externas.

Además, pueden contar siempre con su mente, para lo que sea que necesiten. Estarán una y otra vez buscando e investigando nuevas maneras de estimularse mentalmente, por lo que siempre está preparada cuando se le necesita. No tendrá tantas lagunas mentales ni ocasiones en las que se quede en blanco, ya que en todo momento se encuentra procesando información, sea como sea.

Y ahora que ya conocemos las cualidades de un

Ajna definido, pasemos a ver la manera en la que procesa la información su opuesto: el Ajna sin definir.

Centro Ajna sin definir

Si en un Ajna definido nos encontramos con una certeza y una sólida estructura mental, aquí podemos observar todo lo contrario. Recordemos que, si el Centro Ajna se encuentra sin definir, el Centro Cabeza tampoco lo estará, por lo que tenemos ante nosotros una mente incierta, abierta a diferentes puntos de vista, y una estructura mental que cambia en función de su entorno y de las personas que la rodean.

Un Centro Ajna sin definir es abierto y receptivo. A diferencia de cuando se encuentra definido, es capaz de amoldar sus ideas y su perspectiva conforme a la situación. Son personas que funcionan como esponjas, dispuestas a aprender miles de puntos de vista de cualquier tema que se les presente en la vida, antes de juzgar o decidir cuáles de ellos son los que tienen valor para ellas.

Además, su modo de pensar y procesar la información es variable, por lo que habrá momentos en los que podamos ver a estas personas razonar de forma más lógica y otras veces de manera más abstracta o emocional. Depende mucho de quienes se encuentren en el campo de influencia de su aura (esto es algo que veremos más adelante en el siguiente capítulo, «Los cuatro Tipos de Energía»). Al realizar diferentes conexiones con la energía de distintas personas, su manera de procesar la información se ve alterada.

Esto los convierte en seres muy objetivos, ya que son capaces de ver tantas perspectivas de una misma situación, lo que les permite ser flexibles y tener mucha más información con la que trabajar a la hora de expresar sus ideas u opiniones. Suelen ser personas más abiertas de mente, a las que les cuesta mucho identificarse con una única creencia o idea, ya que el abanico de opciones que son capaces de ver es tan amplio que no saben cuál de todas escoger.

Tienen que aprender a aceptar esta faceta suya y fluir con el hecho de que no van a tener una mente estructurada o fija, o que incluso pueden llegar a tener lagunas en ciertos momentos, puesto que no son capaces de retener tanta información como un Ajna definido. No tienen que tratar de «hacerse los listos» ni demostrar que tienen la certeza sobre algo porque simplemente no la tienen. Y esto está bien así, no hay que cambiarlo.

Su sabiduría reside en la capacidad de absorber infinitos puntos de vista de cualquier idea o pensamiento, adaptarse a una situación u otra, ser muchísimo más objetivos al expresarse y disfrutar de ser tan flexibles mentalmente hablando. Puede que hoy no expresen sus ideas de la misma forma que mañana, pero no hay ningún problema en ello. Cada persona tiene sus propios dones y capacidades. Un Ajna sin definir es una fuente de sabiduría para el resto con el paso de los años, así que no tiene nada de lo que avergonzarse.

Y ahora que ya hemos visto el maravilloso mundo de la mente gracias a comprender mejor nuestro Centro Cabeza y el Centro Ajna, vamos a pasar a uno de los Centros más importantes, el que nos permite expresarnos y manifestar todo lo que queremos al resto del mundo: el Centro Garganta.

He aquí uno de los Centros más importantes en nuestro Cuerpo Gráfico, ya que es el encargado de darle salida a toda esa energía que fluctúa a lo largo de nuestro diseño: el Centro Garganta.

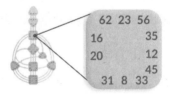

CENTRO GARGANTA
Los 9 Centros en Diseño Humano

Centro Garganta

Tipo de centro
Centro de metamorfosis.

Funciones
Comunicación y
manifestación.

Aquí es donde transformamos toda esa energía de los centros en movimiento o en palabras, depende de los centros conectados.

62 23 56
16   35
20   12
         45
31 8 33

¡Visita nuestra web para más infografías!
micartadisenohumano.com

Características del Centro Garganta

El Centro Garganta es el tercer Centro que encontramos en nuestro gráfico, empezando desde la parte superior, que conecta con otros seis: el Ajna, el G/Ser, el Ego, el Plexo Solar, el Sacro y el Bazo. Debido a esta gran cantidad de posibilidades de conectar con otros centros, la mayoría de la población tiene la Garganta definida en su diseño.

Se trata del único Centro de manifestación que tenemos en nuestro gráfico y esto hace que sea indispensable en el funcionamiento correcto de la energía de nuestro diseño a la hora de expresarnos o manifestar las acciones. Toda la energía que fluye por nuestro gráfico a través de los diferentes Canales intenta llegar hasta la Garganta para poder liberarse.

Esta liberación se da, o bien por medio de la expresión con la ayuda de la comunicación (si proviene de la parte superior en donde tenemos el Ajna y la Cabeza), o bien mediante la manifestación y la puesta en acción (en el caso de venir de cualquiera del resto de Centros que se encuentran en la parte inferior del gráfico).

Tenemos once Puertas en el Centro Garganta (62, 23, 56, 35, 12, 45, 33, 8, 31, 20 y 16), por lo que la forma en la que va a funcionar y la manera en la que se manifestará o se expresará dependerán mucho de qué Puertas tengamos definidas y de qué Centros estemos conectando.

Veamos ahora cuáles son las diferencias fundamentales a la hora de tener una Garganta definida o sin definir en nuestro Cuerpo Gráfico.

Centro Garganta definido

Las personas que tienen el Centro Garganta definido suelen tener una forma determinada de comunicarse, que no suele variar independientemente de las energías que le rodeen. Destacan por su capacidad de expresarse de forma contundente y segura, y esto es algo que puede generar un fuerte impacto en aquellos individuos que les estén prestando atención.

Aunque también hemos hablado de la manifestación como acción, esa capacidad de poner la energía en movimiento y actuar, su función principal es la comunicación. Por tanto, vamos a hacer mucho hincapié en esta parte al ser la predominante.

La forma en la que se expresan es consistente, ya sea utilizando el mismo tono, la misma forma de hablar o unas expresiones en concreto. Es muy poco común que esto varíe cuando nos encontramos con una Garganta definida. De hecho, como es algo muy natural, a estas personas no les supone ningún esfuerzo tener esa estructura y consistencia a la hora de comunicarse, por lo que son muy buenos oradores.

Es importante que, quienes tienen este Centro definido, aprendan a reconocer con cuál de los registros o formas de expresión se sienten más cómodos. Si se trata de una forma más lógica, más abstracta, más emocional, etc. Así, podrán reconocer si en algún momento se están expresando con menos naturalidad, para ponerle fin y no forzarse a realizarlo si no se sienten cómodos con ello.

Por otro lado, esta capacidad de expresarse tan bien y con tanta confianza puede generar a veces un exceso de comunicación. No siempre es necesario compartir todo lo que les nace de dentro con toda la gente, ni llamar la atención o hablar sin motivo. Necesitan aprender a detectar cuándo es el momento de hablar y cuándo no lo es. De lo contrario, si la persona que tienen delante no está preparada para recibir esa información, sentirá un rechazo hacia lo que están intentando comunicar. El remedio: un poco de paciencia antes de hablar.

Lo ideal para poder tener en cuenta esto último es

que se dejen guiar por su Estrategia y Autoridad interna. De esta manera podrán saber con más exactitud en qué momentos es oportuno comunicarse y cuándo no. Tal vez necesitan esperar una invitación para hacerlo, o tal vez con observar en el otro una cierta disponibilidad a escuchar bastará. Esto dependerá completamente de su Estrategia y Autoridad, por lo que constituye el primer punto de partida para aprender a manejar una Garganta definida en condiciones.

Suelen ser personas a las que les encanta compartir mucha información sobre su vida en general. Lo que piensan, sus creencias, sus historias y experiencias, lo que están sintiendo en todo momento, etc. Les resulta muy natural y se muestran cómodas con ello, pero, como hemos dicho antes, tienen que prestar atención a los momentos y las personas con quienes lo hacen. La energía tiene que ser recíproca y darse de una forma saludable y agradable, sino es mejor disfrutar del silencio.

Y hablando del silencio, pasemos ahora a ver cómo funciona una Garganta sin definir, la forma en la que se expresa (o no) y sus cualidades principales.

Centro Garganta sin definir

Esta casuística es muy curiosa, ya que se pueden dar dos grandes temazos a la hora de encontrarnos con personas que tienen este Centro sin definir:

- o bien no suelen hablar mucho y la mayoría del tiempo se encuentran en silencio,
- o bien hablan demasiado y procuran ser el centro de atención siempre que pueden.

Digamos que ambos son los extremos de este Centro, por lo que hay que procurar no encontrarse en ninguno de los dos, sino en un sano punto intermedio entre ambos. Esto es, ni hablar demasiado intentando llamar la atención, ni estar en silencio constantemente como si se tratase de un funeral y no abrir la boca ni siquiera para pedir permiso o saludar.

Una Garganta sin definir tiene una capacidad increíble a la hora de adaptarse a cualquier discurso o situación en la que se encuentra. Tiene múltiples registros con los que puede encontrarse cómodo y varían en función a las personas con las que se está comunicando en ese instante.

Las personas sin definición en este centro tienen una gran ventaja (aunque pueda no parecerlo), y es que quizá no tengan ni idea de lo que van a decir. Sí, tal cual. Es muy normal que en el momento en el que empiezan a expresar algo, hasta ellas mismas se sorprendan de lo que sale por su boca porque no lo tenían planificado ni estructurado de antemano. Por lo que es como si el discurso se fuese formando a medida que hablan.

Esto puede parecer un defecto a primera vista, pero es todo lo contrario. Tienen una capacidad de adaptación brutal a la hora de comunicarse, y esto les da mucha flexibilidad para expresar cualquier cosa. No tienen por qué prepararse un discurso, ya que les surge de dentro. Ni siquiera han de plantearse cómo van a decir algo en un momento concreto, puesto que les nacerá al instante mientras van hablando. ¿A que es maravilloso?

Por desgracia, como hemos comentado al principio, se puede dar el caso de que esto se convierta en un martirio si no saben controlar toda esa presión que les nace por comunicar, al no soportar el silencio. Estas son las típicas personas que intentan ser el centro de atención, que hablan por hablan, que interrumpen al resto o no guardan ni un segundo de silencio porque les resulta tan incómodo que parece que van a explotar.

Para que esto no suceda, es importante que conozcan bien su Estrategia y su Autoridad, de esta forma (al igual que sucede con la Garganta definida) sabrán cuándo es el momento apropiado de expresar lo que tienen dentro y cuándo no. Así, la audiencia será mucho más receptiva a la hora de recibir el mensaje y se lo tomarán más en serio.

No tienen por qué forzarlo. Al tener el Centro sin definir, este actúa como una especie de imán para la comunicación, atrayendo a las personas que necesitan escuchar palabras, y ahí es donde entran en juego estas personas con el Centro Garganta sin definir. Podrán comunicarse abiertamente y decir lo que les nace de dentro, adaptándose al registro de las personas que hayan acudido a ellas y se encontrarán receptivas para escucharlas.

Hasta aquí el Centro Garganta, el único centro de expresión y manifestación que existe en nuestro Cuerpo Gráfico. Y ahora, vamos a pasar al Centro G (también conocido como Centro del Ser), en la parte central, en donde nos encontraremos con nuestra identidad y nuestro YO más auténtico.

El Centro G/Ser

Pasamos a uno de los Centros más complejos del gráfico a la hora de identificarnos con él, tanto si lo tenemos definido como si no, debido a su origen y significado: el Centro G (también conocido como Centro del Ser).

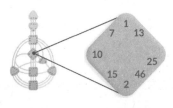

CENTRO G/SER
Los 9 Centros en Diseño Humano

Centro G/Ser

Tipo de centro
El centro del Ser.

Funciones
Amor, identidad y dirección.

Este es el centro de nuestra identidad, el amor y la dirección. Es el que da sentido a quiénes somos, a lo que hacemos y al amor.

¡Visita nuestra web para más infografías!
micartadisenohumano.com

Características del Centro G/Ser

Este Centro se encuentra localizado justo en el centro del Cuerpo Gráfico y es el único con forma de diamante (o rombo). Tiene conexión con otros cuatro Centros, la Garganta, el Ego, el Sacral y el Bazo y es el que da sentido a quiénes somos y a lo que hacemos.

Es un centro de identidad y dirección, el único con esta función en todo el gráfico. Esto suele ser un poco complejo de ver en el día a día, ya que a lo largo de nuestra vida nos vamos sintiendo diferentes personas, con distintas experiencias, y esto dificulta ver todo el recorrido desde una perspectiva más amplia.

Esto no tiene tanto que ver con el hecho de que podamos tener un destino marcado (o no), sino más bien con esa forma de ser, con ese YO, con el que nos podemos identificar nosotrxs mismxs. Nos aporta una identidad como personas. Funciona como una especie de brújula interna que nos va guiando por todas las experiencias que vamos viviendo. Pero igualmente, el protagonista de tu vida seguirás siendo tú.

Al ser un tema mucho más abstracto que los que nos encontramos con el resto de los centros, el Centro G resulta un poco más difícil de comprender. El sentido de la identidad propia y de la dirección que vamos tomando en la vida puede ser complejo de percibir, incluso variable en función del lugar en el que estemos.

Así que vamos a ver cómo funciona exactamente cuando se encuentra definido o sin definir, para aclarar un poco las malinterpretaciones que puede generar este Centro.

Centro G/Ser definido

Tener el Centro G definido suele ir acompañado de una sensación interna de conocer mejor la dirección de vida que se está tomando y la identidad de unx mismx. Por naturaleza, suelen ser personas a las que no les cuesta reconocerse y saber lo que quieren para los próximos años de su vida, ya que esa dirección la tienen más asimilada internamente.

Una vez que escogen un camino (por ejemplo, un lugar donde vivir, un trabajo, un proyecto, una aventura, una experiencia, etc.), es muy complicado hacerles cambiar de opinión y llevarlas por otro lado. Si se encuentran alineadxs con su diseño, sentirán que aquello que han escogido es lo correcto para ellos y no van a querer cambiarlo.

De todas formas, como hemos comentado, la sensación que tenemos con este Centro es muy diferente en función de cada persona. Es uno de los más complicados con los que reconocerse, ya que, en función de nuestra historia de vida, podemos sentir que no nos identificamos en absoluto con el hecho de «tener claro quién soy y hacia dónde voy». Es muy normal que, si no estamos alineados con nuestro diseño, nos sintamos perdidos y sin rumbo, sin saber quiénes somos y lo que queremos.

Así que, si al principio un Centro G definido no se identifica con toda esta mecánica, no pasa absolutamente nada. Es lo más común en la mayoría de los casos. Una vez que vaya poniendo en práctica su diseño, su Estrategia y Autoridad y se vaya alineando con su verdadera forma de funcionar en sintonía, empezará a reconocer esa identidad de la que se habla aquí y del camino de vida más marcado que tiene.

Es importante también que las personas con este

Centro definido aprendan a conectar con su YO interior, con su propio amor interno. Tener la sensación de sentirse amadxs por ellxs mismxs es algo que les hace mucho bien, ya que no van a depender tanto de un amor externo al contar con un sentido de identidad propio más significativo.

Además, todo este amor que van a sentir de forma interna van a querer compartirlo con el mundo exterior y con los demás. Suelen ser, pues, individuos muy cariñosos con sus familiares, amistades y cualquier persona o animal en general. De todas formas, esto es algo que solo se dará una vez que hayan aprendido a darse el amor que se merecen a sí mismxs primero, antes de sacarlo al exterior. Por tanto, es superimportante que estudien a fondo el funcionamiento de su diseño y lo utilicen en el día a día para que esta maravillosa cualidad que poseen pueda salir a la luz.

Por último, cabe destacar que este sentido de dirección e identidad propia suele ser una gran fuente de inspiración para el resto. No obstante, aunque esta sea una mecánica innata de este Centro, tienen que tratar de no influenciar en la toma de decisiones de los demás ni tratar de que sigan el mismo camino. El hecho de que otra persona de su entorno pueda estar persiguiendo un camino que, en realidad, no necesita debido a la influencia que ejerce este Centro, puede ser algo muy dañino para su salud.

Y ahora, estudiaremos cuáles son las cualidades que distinguen este Centro definido de cuando se encuentra sin definir. Pasemos a ver cómo funciona el Centro G sin definir.

Centro G/Ser sin definir

Uno de los aspectos más llamativos para un Centro G sin definir es el hecho de no tener una sola identidad en la vida. Cuando no conocen su Diseño Humano en profundidad, estas personas pueden notar una sensación de ir rumbo a la deriva, sin saber quiénes son ni lo que quieren hacer con su vida realmente. En realidad, esta es una sensación por la que todo el mundo hemos pasado alguna vez, pero se magnifica en aquellas que tienen este Centro sin definir.

Precisamente por eso, es superimportante que aprendan a fluir con esa sensación de no tener una única identidad o una dirección marcada en la vida. Esto es algo que va a variar constantemente dependiendo de diversos factores externos: cuando se encuentran en un sitio u otro, cuando están con unas personas u otras, cuando pasan más tiempo del que les apetece en un sitio y empiezan a aburrirse, etc.

Esto es uno de sus mayores potenciales, ya que tienen una capacidad de adaptación increíble. Al no tener una identidad fija, son capaces de adoptar diferentes papeles en función del momento en el que se encuentren, como si fuesen un actor o una actriz.

De todos modos, para que se pueda dar de una forma correcta y alineen con su diseño para poder disfrutar de estos cambios, estas personas necesitan que el entorno sea el apropiado para vivir cada día. Al tener el Centro sin definir, van a ir absorbiendo las diferentes energías de los Centros G definidos de las personas de su alrededor, porque lo que si esas «direcciones de vida e identidades» del resto no son propicias y no les hacen bien, será mejor que se planteen seriamente cambiar de lugar o de ambiente.

Aunque a la mayoría nos gustaría tener un rumbo algo más establecido y una identidad para poder reducir un poco lo caótica que resulta la vida a veces, esto es algo que no se suele dar con frecuencia. Y menos en el momento en el que se muestra un Centro G sin definir. Por lo que hacer las paces con posibles giros inesperados que nos dé la vida es algo que les hace vivir mucho más en paz con su diseño.

No pueden aferrarse a un único camino o forma de vida, ya que va a ir variando. Tal vez se mantenga durante unos meses, tal vez dure unos años, etc. Pero en algún momento, todo aquello que parece que va a ser su profesión, su pareja o su lugar ideal, puede cambiar de la noche a la mañana.

Cuanto más se centren en aceptar esta faceta, mejor. Deben procurar preocuparse más por la visión que tienen de sí mismxs que por la que proyectan en el mundo. Si aprenden a aceptarse tal y como son en cada momento y en cada cambio de identidad, podrán sentirse mucho más tranquilxs con la vida y disfrutarán mucho más del proceso.

Y ahora, pasemos al siguiente de los Centros de nuestro Cuerpo Gráfico, un Centro muy potente y enérgico, presente en todos los Generadores y Generadores Manifestantes del mundo: el Centro Sacral.

EL CENTRO SACRAL

Hasta ahora todos los Centros que hemos visto afectan en mayor o menor medida a todos los cuatro Tipos. Este, sin embargo, es el Centro por excelencia de los Generadores y Generadores Manifestantes. ¿Y esto por qué? Porque todas las personas que tengan este Centro definido únicamente pueden ser Generadores o Generadores Manifestantes.

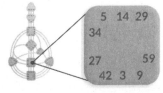

CENTRO SACRAL
Los 9 Centros en Diseño Humano

Centro Sacral

Tipo de centro
Un centro motor, vital.

Funciones
Poderoso centro de energía vital, sexualidad.

Es un centro presente en todos los <u>Generadores</u> y <u>Generadores Manifestantes</u>. Está lleno de energía vital, de impulso sexual y de persistencia.

5 14 29
34
27   59
42 3   9

¡Visita nuestra web para más infografías!
micartadisenohumano.com

Características del Centro Sacral

En las páginas anteriores, hemos contemplado la parte superior y central del Cuerpo Gráfico, ahora ya entramos en la parte inferior y empezamos por este Centro tan importante. Es la principal fuente de energía de la que disponemos en nuestro diseño, una batería que necesita darlo todo hasta agotarse cada día para poder despertar de nuevo cargada.

Al pertenecer exclusivamente a los Generadores y Generadores Manifestantes cuando se encuentra definido, el 70 por ciento de las personas lo tiene definido y el otro 30 por ciento, sin definir. Este es uno de los principales motivos por lo que es clave entender muy bien su funcionamiento y la manera en la que podemos sacarle el mayor provecho, ya que es un Centro presente en la mayoría de las personas. Por tanto, la energía de nuestro entorno varía en función de cómo se encuentre la energía de esa mayoría.

Es uno de los cuatro Centros motores que existen en el Cuerpo Gráfico (junto con el Centro Ego, el Plexo Solar y la Raíz) y se encarga de aportar toda la energía que necesitamos para ponernos en movimiento. Representa nuestra energía vital, el impulso sexual y la persistencia.

Veamos cómo funciona esta batería en sus distintos estados y las principales diferencias de encontrarse definido o sin definir en nuestro Cuerpo Gráfico.

Centro Sacral definido

Cuando nos encontramos con un Centro Sacral definido en el gráfico, de inmediato sabemos que esa persona tiene acceso a una energía vital increíble, de forma consistente y fiable.

Como hemos mencionado antes, cuando este Centro se encuentra definido significa que la persona automáticamente pasa a ser del Tipo Generador o Generador Manifestante, por lo que es un Centro que va muy ligado a las características del arquetipo y toma muchísimo protagonismo en su funcionamiento, su Estrategia y su Autoridad. Más adelante, en el capítulo «Los cuatro Tipos de Energía», hablaremos con más detalle sobre él y la conexión tan especial que tiene con su Centro Sacral.

Es un Centro muy magnético, capaz de atraer todo tipo de oportunidades cada día de su vida. Aquí, lo importante, es que aprenda a diferenciar en cuáles de esas oportunidades le apetece poner su energía y en cuáles no. Dispone de muchísima energía, así que puede con todo. Es más, en el caso de los Generadores Manifestantes, pueden con varias cosas al mismo tiempo.

Por desgracia, al contar con tanta energía, se suele abusar de la misma. Si nos apuntamos a un plan, realizamos cualquier cosa que nos pidan o entramos en proyectos que, en realidad, no nos gustan, esta batería termina agotándose y nosotrxs, enfermando debido al agotamiento y la frustración que nos va a generar. Para que esto no suceda es de vital importancia prestar atención a nuestra Estrategia y entender bien cómo funciona nuestra Autoridad interna, para poder tomar decisiones que nos hagan bien.

Son personas a las que les encanta el trabajo, estar ocupadas en algo que les gusta en todo momento (esto tiene más que ver con su Tipo, como veremos más adelante). La parte laboral es fundamental para una persona con el Sacro definido, pero es importante aprender a diferenciar un trabajo de una pasión.

Trabajar y dedicarse todos los días de su vida a algo que les apasiona y les entusiasma les hace bien y han nacido para ello. Esto no tiene nada que ver con trabajar en un lugar en el que se encuentra a disgusto, con una frustración interna que le hace enfermar y descuidando el resto de las áreas de su vida.

- **En el primer caso:** es estupendo, que sigan así todos los años que les apetezca, disfrutando de su pasión y aportando valor al mundo.
- **En el segundo caso:** necesitan plantearse un cambio si no quieren caer enfermxs, agotar toda su energía o incluso ir sin ganas por la vida.

Además, el Sacro es un Centro que tiene tendencia a emitir sonidos guturales u otras reacciones corporales que ayudan a comprender mejor lo que necesitamos realmente. Son señales que ofrece al cuerpo para avisarle de si el camino que está tomando es el correcto para él o no. Aprender a reconocer estas señales será clave para que un Generador o Generador Manifestante pueda tomar mejores decisiones y viva con más plenitud y satisfacción.

Y ahora, veamos la relación con el Sacro del otro 30 por ciento de la población y la forma en la que opera este Centro cuando se encuentra en blanco, sin definir.

Centro Sacral sin definir

Toda persona que tenga el Centro Sacral sin definir significa que no pertenece al Tipo Generador o Generador Manifestante, por lo que únicamente pertenece a Proyectores, Manifestadores y Reflectores.

De forma contraria a lo que sucede cuando lo tenemos definido, no hay acceso a una energía consistente y fiable en nuestro Cuerpo Gráfico. Ahora, en vez de un motor de combustión interna que genera muchísima energía para alimentar nuestro diseño, tenemos un centro con gran sensibilidad y la capacidad de absorber la energía física del resto de las personas (que sí lo tienen definido).

Son individuos capaces de tomar prestada la energía de otros con este Centro definido y utilizarla para su propio beneficio y funcionamiento. Además, al encontrarse sin definir, se trata de un Centro que amplifica todo lo que recibe del exterior, por lo que magnifican esa energía que absorben de fuera y, de este modo, hacen un uso mucho más eficiente de ella.

Esto es una gran ventaja, pero también tiene sus inconvenientes. Al no tener una energía interna consistente y hacer uso de la energía de su entorno, no tienen consciencia de cuándo es suficiente (de trabajar, de utilizar su energía, de mantenerse haciendo algo por un tiempo prolongado), por lo que pueden acabar con una sensación de agotamiento inmensa si no se dan los periodos de descanso que necesitan. Es importante que aprendan a permitirse sus momentos a solas, sin influencias de otras personas a su alrededor, para poder descargar toda la energía acumulada a lo largo del día.

Además, como no acceden a esta energía de forma constante, son personas que trabajan muy bien en periodos de tiempo más reducidos. Puede que ese periodo dure unas horas, unas semanas o unos meses, pero luego necesitarán dejarlo todo para reponerse de nuevo y volver a recuperar la energía invertida en esa tarea o proyecto concretos. Al amplificar toda esa energía, suelen realizar el trabajo con mayor eficacia que el resto, así que el trabajo en el que otra persona emplearía días ellos lo realizan en unas pocas horas.

En este sentido, han de tener mucho cuidado con la autoexigencia. Es importante que aprendan a reconocer dónde se encuentra su límite y que no lo sobrepasen bajo ningún concepto, ya que el periodo de recuperación podría ser muy duradero y complejo. Recuperarse de un agotamiento extremo después de haber realizado una tarea demasiado extensa o laboriosa puede llevarles mucho más tiempo del esperado.

Así que respetar esos límites y permitirse todo el descanso que necesiten es crucial para las personas con este Centro motor sin definir. Dormir a solas les beneficia mucho, ya que les permite liberarse de todo aquello que han ido absorbiendo del exterior, posibilitándoles volver a sí mismxs, a una sensación de tranquilidad y neutralidad.

Y hasta aquí el Centro Sacral, una de las pilas con mayor capacidad de carga que existe en el planeta y que, además, se encuentra en nuestro interior. Sigamos ahora con el Centro Ego, que valora el compromiso por encima de todo.

EL CENTRO EGO

Este Centro trata sobre la voluntad propia, es un reflejo de nuestro corazón y nuestros valores internos. Aquí encontramos nuestra autoestima en su forma más auténtica (dependiendo de lo bien que hayamos trabajado en años anteriores el concepto que tenemos sobre nosotrxs mismxs y el valor que nos demos como persona).

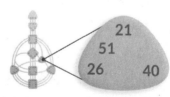

CENTRO EGO
Los 9 Centros en Diseño Humano

Centro Ego

Tipo de centro
Un centro motor.

Funciones
Fuerza de voluntad, compromiso, ego.

21
51
26   40

Aquí es donde se genera la mecánica de la autoestima, del valor propio. La supervivencia material, el compromiso y la fuerza del ego.

¡Visita nuestra web para más infografías!
micartadisenohumano.com

Características del Centro Ego

El Centro Ego (también conocido como el Centro Corazón) es uno de los Centros más pequeños del Cuerpo Gráfico, de forma triangular y con un total de cuatro Puertas en su interior (21, 51, 26, y 40). Al tener tan poquitas Puertas y posibles conexiones con el resto de Centros, la mayoría de la gente tiene este Centro sin definir.

Tiene conexión con cuatro Centros diferentes (la Garganta, el Centro G/Ser, el Bazo y el Plexo Solar) y se trata de otro de los Centros motores que existen en el Cuerpo Gráfico. En este caso, toda la energía de la que dispone está dirigida por completo a la fuerza de voluntad y al compromiso.

Al estar estrechamente relacionado con el corazón, cuando no se gestionan bien las energías de este Centro y no se respeta su mecánica, pueden aparecer diferentes síntomas y enfermedades que tienen que ver con este órgano en concreto. Así que es de vital importancia entender bien la mecánica de este Centro en cada uno de sus posibles estados y aprender a fluir con su energía en el día a día, respetando lo que necesita y todo aquello que lo mantiene sano.

Empecemos por conocer el primero de sus estados, cuando nos encontramos con un Centro Ego definido en nuestro Cuerpo Gráfico. Veamos sus características, potenciales y posibles distracciones.

El Centro Ego definido

Las personas con el Centro Ego definido tienen una fuerza de voluntad increíble (siempre y cuando se encuentren alineados con su propio diseño) y pueden comprometerse con todo aquello que quieran, ya que van a tener la energía para llevarlo a cabo hasta el final. Aunque, para que esto se dé así y esa energía no se disipe, aquello que deseen llevar a cabo debe ser algo que quieran desde su más profundo ser, de verdad. Si inician un proyecto, una tarea o una relación con la que, en realidad, no se sienten comprometidxs, no van a tener ánimo de seguir con ello. Para esto, como siempre mencionamos, lo más importante es que entiendan la forma en la que opera su Estrategia y su Autoridad, para que puedan tomar las mejores decisiones posibles en todo momento. De esta forma, reducirán la fricción y las posibilidades de comprometerse con cosas que, en el fondo, no desean.

En el momento en el que aprenden a distinguir bien esta mecánica y empiezan algo que de verdad les motiva y les gusta, se comprometen al cien por cien y ponen toda su energía en ello. De esta forma, cumplen aquello que se han propuesto con una sensación de orgullo hacia sí mismxs que no son capaces de sentir de ninguna otra forma. No hay nada que les dé más satisfacción que terminar algo a lo que se comprometieron en un primer momento.

Quienes tienen este Centro definido suelen ser personas muy seguras de sí mismxs, que tienen muy claro lo que valen. No les resulta complicado ponerle un precio a su tiempo o a sus servicios, ya que tienen bastante presente su valor como personas. Esto es reflejo de la sólida autoestima de la que disponen en su día a día y en todo aquello que hacen.

No obstante, deben atender con mucho cuidado esta parte, ya que una autoestima alta y un reconocimiento del valor propio no significan estar por encima del resto. Suelen hacer gala de una energía muy competitiva, pero han de aprender a utilizarla para desarrollar sus propias destrezas y ser cada día mejores personas, tanto a la hora de ofrecer sus servicios como de relacionarse con la gente de su entorno. Distinguir entre una competitividad sana y una que no lo es será crucial para establecer mejores vínculos con el resto y mantener saludable este Centro.

Por último, otra parte superimportante para este Centro definido es la parte más materialista. Son personas que disfrutan del mundo material y necesitan tener claras sus metas en este sentido. Les va muy bien planificar a corto, medio y largo plazo para conseguir los objetivos que se hayan planteado.

Por desgracia, vivimos en un mundo en el que, por ahora, no está realmente bien visto tener sueños e ilusiones materiales, pero para una persona con este Centro definido esto se convierte en algo crucial para su salud. Por tanto, explicar esto a sus seres queridos hará que entiendan el porqué de gran parte de su comportamiento o decisiones.

Y ahora, veamos justo el caso opuesto. Pasemos a analizar la mecánica del Centro Ego sin definir, en donde toda esa autoestima y fuerza de voluntad pueden presentarse de forma más fluctuante.

Centro Ego sin definir

Encontrarnos con este Centro sin definir en nuestro Cuerpo Gráfico puede darnos una sensación de paz increíble al comprender que no tenemos nada que demostrar a nadie, o puede suponer un martirio diario al intentar demostrar constantemente nuestro valor al resto.

En el primer caso, nos hallamos ante una persona alineada con su diseño. En el segundo caso, ante todas aquellas personas que todavía no comprenden la forma en la que opera este Centro sin definir (que, por desgracia, suele ser la mayoría).

Las personas con el Ego sin definir están aquí para vivir múltiples experiencias y disfrutar de no tener un objetivo o unas metas tan claras (a nivel material sobre todo). Suele resultarles muy complejo ponerles un precio a su tiempo o a su energía, ya que les es complicado comprender cuánto valen o cuánto se merecen a cambio del tiempo que puedan invertir. Este suele ser el principal quebradero de cabeza de quienes tienen este Centro sin definir. Como resultado, terminan cobrando sueldos mucho más bajos o recibiendo ingresos inferiores por los trabajos que realizan, en caso de ser trabajadores por cuenta propia.

Esta inseguridad también puede presentarse a través de una excesiva competitividad, con el fin de intentar demostrar su valía al resto una y otra vez e intentar suplir de alguna forma esa carencia interna que perciben. Es una falta de seguridad que les hace enfermar si no dejan de buscar esa aprobación constante del exterior, y esto deriva directamente en sufrir diferentes sintomatologías o enfermedades que suelen ir ligadas al corazón.

Para que esto no suceda, es importante que aprendan a quitarse de encima esa presión de intentar ser alguien o demostrar en todo momento su valor como persona, ya sea como profesional, como pareja, como familiar, como empleadx, etc.

Una pregunta que siempre deberían tener presente es la siguiente: ¿Esto que estoy haciendo es para demostrar algo a alguien o es porque de verdad quiero hacerlo? Plantearse esta pregunta antes de entrar en un proyecto, una relación, un trabajo, una actividad o una simple excursión puede marcar una gran diferencia. De esta forma, pese a que vayan a tener esa presión interna por competir y por exhibir su valía, les resultará más fácil decir que NO a aquello que, en el fondo, no realizan por amor. Y, como decimos siempre, si no tienen clara la respuesta, lo ideal es que se dejen guiar por su Estrategia y Autoridad, ya que será la manera más correcta de tomar esa decisión en concreto.

Y ahora que ya conocemos el Centro Ego, su importancia con respecto al valor propio (tanto si se encuentra definido como si no) y sus diferentes estados, pasemos a ver el siguiente Centro de nuestro complejo pero maravilloso gráfico, el Centro desde donde nacen todos los sentimientos y nuestras emociones más profundas y sinceras: el Plexo Solar.

EL CENTRO PLEXO SOLAR

El Plexo Solar es un Centro capaz de provocarnos nuestros mejores momentos y sentimientos y, al mismo tiempo, también los más duros. Un Centro que puede hacernos sentir mucho placer o mucho dolor, independientemente de si lo tenemos definido o sin definir en nuestro Cuerpo Gráfico.

CENTRO PLEXO SOLAR
Los 9 Centros en Diseño Humano

Centro Plexo Solar

Tipo de centro
Un centro motor y
de conciencia.

Funciones
Sentimientos, emociones
y experiencias.

Las emociones nacen aquí. El proceso de todas las Olas Emocionales y sus distintos estados. Experimentar sentimientos y emociones.

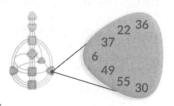

¡Visita nuestra web para más infografías!
micartadisenohumano.com

Características del Centro Plexo Solar

Se trata de un centro muy especial, ya que es tanto un Centro motor (al igual que el Sacro, el Ego y la Raíz) como un Centro de conciencia (junto con el Ajna y el Bazo). Es uno de los Centros con mayor impacto en el gráfico y en cualquier persona en sí, ya que es donde se filtran todas las emociones a través de las diferentes Olas Emocionales. Es el encargado de dirigir y gobernar nuestras emociones, todas nuestras pasiones, nuestro placer, nuestro dolor, etc. Todas nuestras experiencias vividas nos han dejado en el recuerdo un sentimiento en concreto, ya sea bueno o malo.

A diferencia del Centro Bazo (que veremos en el siguiente punto), este necesita paciencia, ya que no se basa en el instinto y en el momento presente, sino que precisa de tiempo para poder procesar todas las emociones que emanan de él, para encontrarse en un punto neutral antes de actuar o de tomar una decisión importante.

Por último, antes de analizar sus diferentes estados, destacamos también que se trata del Centro asociado a nuestras adicciones más primarias, como el sexo, el alcohol, la comida o las drogas. Esto tiene que ver con su gran afán por sentir emociones fuertes, bien sean en aquellos momentos en los que nos sentimos plenos de felicidad o en los que sentimos que el mundo se nos echa encima.

Y ahora, veamos cómo funciona el Plexo Solar definido y sin definir en nuestro Cuerpo Gráfico, para comprender mejor este proceso emocional.

Centro Plexo Solar definido

Debido a la jerarquía de las Autoridades internas (recuerda el listado de Autoridades que mencionamos en el capítulo 2, «Conociendo tu Diseño Humano»), las personas con el Plexo Solar definido tienen una Autoridad emocional. Así que necesitan darse mucho tiempo de espera antes de tomar una decisión.

La paciencia determina este Centro definido.

Son personas emocionales, así que se encuentran en un constante sube y baja emocional en función de las activaciones que tengan en este Centro. Es muy común apreciar una montaña rusa en cuanto a los sentimientos se refiere. Esto no es algo bueno ni malo, solo se trata de una forma concreta en la que funciona el diseño de estos individuos.

Las emociones como tal son simplemente fuentes de información que nos indican lo que sentimos respecto a algo, el estado en el que nos encontramos, nuestra respuesta corporal a una situación determinada, etc. Y para una persona con el Plexo Solar definido, todas estas emociones son las que la ayudan a tomar una decisión importante con claridad. Así que es vital que se dé ese tiempo que necesita, cosa que deben aprender para que todas esas emociones se puedan estabilizar antes de tomar una decisión importante en la vida. Así que uno de los mayores aprendizajes de vida de quienes tienen este Centro definido es el de cultivar la paciencia y no correr y decidir a lo loco.

Si no se encuentran alineadas con su diseño y con esta manera de funcionar, estas personas se apresurarán en las decisiones o las tomarán de forma impulsiva, y esto solo hará que quizá más adelante se arrepientan por no haberse concedido el tiempo suficiente.

Una de las cuestiones con la que más cuidado deben mostrar es con el hecho de dejarse llevar por sus emociones. Esto puede generarles mucho malestar si se ahogan en esos sentimientos y no permiten que la Ola Emocional siga su curso, dejando así que todas esas emociones suban y bajen y terminen su propio ciclo interno.

Por otro lado, tampoco es bueno que las repriman o que las oculten en lo más profundo de su ser, ignorándolas por completo por el miedo al impacto que puedan generar. Esto lo único que va a hacer es provocar malestar y enfermedades directamente relacionadas con este Centro, como pueden ser problemas respiratorios o digestivos, el desarrollo de nuevas adicciones (por ejemplo, la comida), temas sexuales, etcétera.

Hay que aprender a llevar un equilibrio entre «no puedo controlar mis emociones y me dejo llevar demasiado cuando estas me nacen» y «no vivo ni muestro mis emociones y las reprimo por el miedo que me generan». Lo único que van a provocar ambos extremos es que nuestro cuerpo enferme y tengamos muchísima más fricción y malestar en el día a día.

Pasemos a ver cómo funciona este Centro en el momento en el que se encuentra justo en el estado contrario, cuando en nuestro gráfico aparece en blanco.

Centro Plexo Solar sin definir

Ya hemos comentado en alguna ocasión que todos los Centros sin definir absorben las energías de los que están definidos y las amplifican. Por tanto, el Plexo

Solar sin definir no iba a ser una excepción. Así que, en este caso, nos encontramos con un Centro que puede amplificar e intensificar las emociones de los demás.

Las personas con este Centro sin definir suelen ser emocionalmente superempáticas, ya que tienen la capacidad de ver con mucha claridad todas esas emociones por las que está pasando la otra persona. Uno de sus grandes regalos es la empatía emocional que pueden mostrar con cualquiera que se encuentre cerca.

Cuando no hay nadie alrededor, por lo general, suelen ser personas con un estado emocional muy neutral, sin tanto vaivén emocional o sin hallarse en lo alto (o lo bajo) de una montaña rusa sentimental. Obviamente, somos seres humanos y siempre podemos vernos en alguna de estas situaciones, pero en los momentos en los que una persona con el Plexo Solar sin definir se encuentra a solas, no tiene otras emociones externas que le estén afectando, ya que no las está reflejando. Sin embargo, en cuanto la rodeen otras personas, puede surgir todo ese vaivén emocional que mencionamos. Depende del momento y de las personas con las que se encuentre, puede que sean unas emociones positivas que detonen un estado de felicidad absoluta, o todo lo contrario, y hubiesen preferido no salir de casa.

Una de las cosas más importantes para quienes tienen este Centro sin definir es que entiendan que, en ninguna circunstancia y bajo ningún concepto, son responsables de todos esos sentimientos externos que están absorbiendo. Es una virtud poder leer las emociones a las personas y vivirlas en sus propias carnes, pero jamás tienen que identificarse con todo eso y tomarlo como si fuese suyo.

Quizá no te sientas bien en compañía de una persona que está atravesando una mala racha, pero eso no significa que ese mal momento sea tuyo. Puedes aprender a observarlo, sentirlo, empatizar emocionalmente con la persona para ayudarle como creas oportuno, pero ahí termina tu labor. Después, necesitas volver a tu punto anímico neutral, así que te conviene alejarte y estar a solas para descargar todos esos sentimientos que has vivido.

A veces resulta complicado aprender a lidiar con las emociones o incluso gestionar de manera correcta tanto nuestros sentimientos como los de los demás. Debemos trabajar esta parte empática de forma activa, así que estar abiertxs a recibir ayuda de un profesional o realizar algunos cursos puede resultar de gran ayuda a todas las personas con este Centro sin definir.

Y aquí concluye nuestro Centro más emotivo, sensible y explosivo. Ahora, les decimos adiós a las emociones para saludar a su antagonista: el Centro Bazo, un Centro que funciona justo al contrario, dejando a un lado toda esa espera para darle paso a una intuición que actúa momento a momento, centrada en la supervivencia.

EL CENTRO BAZO/ESPLÉNICO

Es uno de los centros más enfocados en el momento presente, en el ahora. El Centro Bazo (también conocido como Centro Esplénico) es el que contempla nuestros instintos más básicos, los miedos y nuestra supervivencia como seres vivos. Además, es uno de los más antiguos que encontramos en nuestro Cuerpo Gráfico.

CENTRO BAZO
Los 9 Centros en Diseño Humano

Centro Bazo

Tipo de centro
El centro de conciencia
más antiguo.

Funciones
La salud, el ahora, instintos
básicos y miedos.

Quien tiene el Bazo definido, goza de buena
salud, pero no tiene que confiarse. Es donde
nacen todos los miedos e instintos primarios.

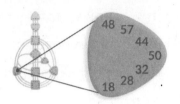

¡Visita nuestra web para más infografías!
micartadisenohumano.com

Características del Centro Bazo

El Bazo se sitúa en la parte de la izquierda del gráfico, tiene forma triangular (mirando hacia el centro) y conecta con otros cinco centros (la Raíz, el Sacro, el Ego, el Centro G y la Garganta), por lo que suele ser muy común que se encuentre definido. Se trata de un Centro de conciencia (al igual que el Plexo Solar o el Ajna) y su función principal se podría reducir al siguiente hecho: mantenerte con vida.

Frases famosas como «vive el momento», «*carpe diem*» o «disfruta del presente» son ideales para este Centro, ya que se enfoca completamente en el ahora, en lo que está ocurriendo en este mismo instante. Está siempre alerta, atento a las señales del entorno para detectar cualquier probable peligro con la mayor antelación posible y avisarnos para que reaccionemos en consecuencia.

Es una conciencia pura y dura sobre nuestro propio cuerpo y nuestros instintos más primarios como seres vivos. También se trata de una especie de barómetro de nuestra salud interna, ya que en función del estado en el que se encuentre (definido o sin definir), nuestro sistema inmune será más fuerte o más sensible.

Es un Centro superespontáneo, al que no le gusta que le hablen de lo que puede pasar mañana o lo que llegó a pasar ayer. Todo lo que se salga del momento presente sencillamente no existe para el Bazo.

Y ahora, veamos cómo funciona este Centro en sus diferentes estados.

Centro Bazo definido

Las personas con este Centro definido suelen tener una intuición muy desarrollada, aunque a veces, como las señales que nos manda el Bazo son muy sutiles, es complicado percibirlas si esa escucha y atención no se han trabajado para percibir al instante sus advertencias. Hay que aprender a estar presentes para poder detectar esas señales lo antes posible, ya que no suelen durar mucho tiempo.

Al estar definido, esa intuición se convierte en una fuente fiable y consistente en la que podemos apoyarnos. Se pasa a tener una intuición superdesarrollada que se encuentra constantemente recopilando información del entorno y guiándonos para decirnos por dónde ir o qué hacer, momento a momento.

De todas formas, a pesar de que podemos fiarnos de esta intuición para saber qué es saludable para nosotros y qué no, no podemos olvidarnos de nuestra Autoridad interna y nuestra Estrategia a la hora de tomar las decisiones importantes de nuestra vida. Así que, pese a nuestra intuición sobre el Bazo, para las decisiones, la última palabra siempre la tendrá nuestra Autoridad interna.

Suelen ser personas muy impulsivas o espontáneas, ya que, al tener este Centro definido, están diseñadas para reaccionar en todo momento y ante cualquier situación. Además, muestran una mayor sensibilidad a su entorno, por lo que están constantemente escaneando su alrededor de forma inconsciente, en busca de cualquier posible peligro o situación ante los que actuar en un periodo breve de tiempo.

Toda esa intuición tan sobresaliente se debe principalmente a un gran desarrollo de los cinco sentidos (vista, oído, gusto, tacto y olfato). Esto las convierte en personas muy acústicas. Tienen un oído muy desarrollado, capaz de detectar pequeños matices que a cualquier otra persona se le escaparían: detalles sutiles en el tono al hablar, la calidad de un discurso, sonidos que provienen del exterior, etc.

Por último, poseen también un sistema inmune de acero, siempre y cuando se encuentren alineados con su diseño y respeten su Estrategia y Autoridad interna. Si hacen caso omiso de las señales que les da su cuerpo y de lo que este necesita, es probable que todos esos desajustes terminen en problemas de salud serios.

De todos modos, conviene recordar que el hecho de gozar de una salud envidiable no les convierte en inmortales. Por lo que deben procurar no confiarse porque acabarán forzando a su Bazo más de lo necesario. Esto puede ser imperceptible a corto plazo, pero a largo plazo pasa factura.

Y ahora veamos cómo funciona el Bazo sin definir, cuando pasamos a amplificar toda esa intuición y sentidos de las personas que tienen este Centro definido.

Centro Bazo sin definir

Cuando hablamos de que esa intuición consistente desaparece, no queremos decir que no puedan ser personas intuitivas. De hecho, pueden ser mucho más sensibles al entorno que los Bazos definidos, capaces de detectar el estado de salud de las personas con las que se encuentran en ese momento.

Recuerda que, cuando hablamos de un Centro sin definir, significa que tiene la capacidad de absorber y amplificar las energías del resto de Centros definidos de su entorno. Por tanto, un Bazo sin definir es capaz de absorber y amplificar la intuición de otras personas, sus miedos o incluso detectar su estado de salud de un solo vistazo. Esto supone una gran ventaja, ya que son capaces de reconocer casi de forma inmediata si la energía de un lugar es favorable o no en función de lo que esa intuición amplificada les dice.

Al tratarse de un Centro que se preocupa por nuestra supervivencia, es probable que quienes no lo tienen definido tengan una preocupación por su existencia. Un miedo a no poder sobrevivir por sí mismxs en lo que respecta al plano material y terrenal. Puede que sientan que necesitan a otras personas para poder tener una buena vida o disfrutar de una buena comodidad y tranquilidad en su día a día.

Esto se da sobre todo en aquellas personas que no se encuentran alineadas con su propio diseño (y que no hacen caso de su Estrategia y Autoridad), así que es una clara señal para empezar a cambiar las cosas y hacer más caso de lo que nos dice nuestro cuerpo, dejando a un lado nuestra mente.

Al no tener el Centro definido, su sistema inmune

es más sensible, por lo que deben tener mucho más cuidado con el entorno que les rodea. Pillan un resfriado con más facilidad, si comen algo en mal estado notan las consecuencias rápidamente, etc. Es por ello que es importante que se dediquen el cariño y la atención que necesitan, atendiendo su cuerpo a diario y tomando las precauciones que precisen en cuanto a su salud.

Al mismo tiempo, y como todo en Diseño Humano, tienen otras características tremendamente positivas, y es que son capaces de detectar de una forma mucho más rápida el estado de salud de otras personas. Esto les convierte en grandes expertos en salud, medicina y otras terapias con las que buscan ayudar a otras personas revelando todos esos desajustes a nivel corporal.

Y hasta aquí el Centro Bazo. Esperamos que haya quedado mucho más claro cómo funciona nuestra intuición y nuestro sistema primario de salud y que hayas disfrutado de conocer al Centro responsable de que, literalmente, sigamos vivos cada día. Sin él, no estaríamos aquí. Pasamos a ver el último Centro de nuestro Cuerpo Gráfico, el encargado de generarnos suficiente estrés como para que nos pongamos en movimiento y empecemos a agitar toda la energía de nuestro gráfico: el Centro Raíz.

El Centro Raíz

El Centro Raíz es el último de los Centros de nuestro gráfico, situado justo en la parte inferior, debajo del resto de Centros. Se encarga de poner en movimiento la energía y repartirla por los elementos de nuestro diseño, a la vez que nos provoca el estrés necesario para activarnos y actuar.

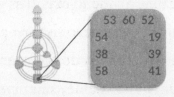

CENTRO RAÍZ
Los 9 Centros en Diseño Humano

Centro Raíz

Tipo de centro
Un centro motor y presión.

Funciones
Impulso y estrés, presión por evolucionar.

Aquí es donde se genera toda esa adrenalina por crecer, y esa presión por evolucionar. Es un centro de impulso y estrés.

53	60	52
54		19
38		39
58		41

¡Visita nuestra web para más infografías!
micartadisenohumano.com

Características del Centro Raíz

El Centro Raíz es un Centro de presión (igual que la Cabeza) y un Centro motor (junto con el Ego, el Sacro y el Plexo Solar). A diferencia de la Cabeza, toda esta presión que genera no es para pensar y procesar las preguntas que nos hacemos, sino para ponernos en movimiento y tomar medidas en el día a día.

Es una energía que nos permite evolucionar y nos hace avanzar en nuestra vida, gracias a toda esa presión física que nos genera por movernos. Esta presión se convierte en adrenalina o estrés, que son los precursores del movimiento físico.

Así que la parte más fundamental en lo que a este Centro respecta es aprender a manejar ese estrés de forma saludable para utilizarlo a nuestro favor (tanto si tenemos este Centro definido como sin definir). Convertirnos en expertos gestionando toda esa adrenalina que libera en forma de pulsos va a marcar un antes y un después en nuestra forma de conducirnos por la vida y nuestra eficiencia al realizar diferentes tareas.

Es un Centro que funciona a pulsos (como un interruptor de ON/OFF), por lo que no siempre tendremos disponible esos impulsos de adrenalina. Funciona a ráfagas, así que debemos aprender a detectarlas para poder sacarles el mayor provecho posible, tanto en el ámbito laboral como en cualquier otro de nuestra vida.

Veamos cómo funciona toda esta adrenalina y cómo se presenta en el Centro Raíz definido y sin definir.

Centro Raíz definido

Las personas con la Raíz definida son capaces de sostener toda esa presión que genera este Centro y utilizarla para su propio beneficio o el de la humanidad. Tienen una fuerza interna que les impulsa a conseguir cualquier cosa que se propongan en cualquier ámbito de su vida (laboral, económico, social, etc.). Es más, suelen contagiar todo ese impulso al resto de las personas con las que entran en contacto, por lo que suelen influenciar mucho en la motivación de quienes se encuentran en su entorno. Esto, desde un punto de vista positivo, puede hacer que ayuden a todas esas personas a evolucionar y dar el salto que necesitaban en su vida. Pero, desde un punto de vista negativo, puede hacer también que el resto se fuerce a hacer cosas que eran completamente innecesarias y llevarles a unos niveles de estrés demasiado altos.

El resto de la población no tiene por qué llevar los mismos ritmos que nosotrxs, ni tampoco ser estrictxs a la hora de conseguir ciertos objetivos en la vida (a los que nosotrxs les podemos estar dando mucha más importancia). Cada cual tiene su propio camino y su propio ritmo, y eso está bien. Es algo que hay que aprender a respetar.

Es importante que recuerden también que la energía de este Centro puede variar en horas, días o semanas. Así que puede que en ciertos momentos sientan una motivación inmensa por hacer lo que hacen y en otras ocasiones sea todo lo contrario y no les apetezca mover ni un dedo.

Tienen que fiarse de su Estrategia y Autoridad a la hora de iniciar un proyecto, una relación o una tarea para saber si es lo que les apetece hacer en realidad. Y una vez dentro, cuando les venga una racha de energía y se sientan con la motivación a tope, aprovecharlo al máximo.

Pero si, por el contrario, en algún momento sienten una desmotivación o una falta de sentido de lo que están haciendo, han de esperar antes de dejarlo de lado, ya que puede ser un simple apagón de la ráfaga ON/OFF de la energía. En esas ocasiones en las que la energía se disipe, les viene bien aprovechar para descansar para poder reponerse hasta la siguiente tanda de adrenalina.

Veamos ahora cómo funciona este Centro cuando se encuentra en el estado opuesto, en blanco, en nuestro Cuerpo Gráfico.

Centro Raíz sin definir

Aquí nos encontramos con personas expertas en manejar y gestionar el estrés de su entorno y de las demás personas. Por suerte o por desgracia, al tener este Centro sin definir están constantemente absorbiendo y amplificando toda esa presión, adrenalina y estrés que vienen de fuera de la mano de las personas de su entorno.

Si la persona con este Centro sin definir no conoce esta información y no es consciente del funcionamiento de este Centro, vivirá todos los días de su vida estresada ante la perspectiva de todas las tareas que tiene que realizar, todas esas listas de cosas pendientes de tachar, etc. Esto provoca que quieran quitarse de encima ese estrés lo antes posible, así que la única forma con la que cuentan es seguir haciendo todas esas tareas pendientes que les generan esa presión por hacer sin parar. En el momento en el que completan todos esos quehaceres es cuando pueden «descansar» de nuevo, hasta que vuelven a absorber el estrés de su entorno y se añaden de nuevo otra interminable tanda de tareas pendientes.

Esta no es la forma de gestionarlo porque lo único que provoca es que esa persona caiga enferma por sobrepasar sus límites en lo que a la energía respecta. Así que terminará desarrollando algún tipo de enfermedad o vivirá con agotamiento durante todos los días de su vida, con la sensación de que no puede parar de hacer cosas.

Para que esto no pase, es MUY importante que aprenda a identificar cuándo el estrés que siente es suyo y cuándo proviene del exterior. Da igual si hablamos de una tarea insignificante, barrer la casa, por ejemplo, como si se trata de algo más grande, como el cierre de un gran proyecto empresarial. Si esa tarea en realidad no te pertenece, el estrés que conlleva tampoco.

Si marcas bien tus límites, nadie tiene por qué sobrepasarlos. Si has dicho que vas a barrer, pero por la tarde, nadie tiene por qué obligarte a hacerlo por la mañana. Si la fecha del proyecto la marcaste de aquí a dos meses, nadie te lo puede exigir al mes. Tú decides hasta dónde quieres llevar tu adrenalina y el estrés por realizar las cosas en tu día a día.

Quienes tienen este Centro definido han de aprender también a no comprometerse con tareas con las que no se encuentren alineadxs. En el momento en el que empiezan a responsabilizarse de demasiadas tareas (que en realidad no son tan importantes para ellxs), se les llena la lista de cosas pendientes, y esto solo hará que caigan en la misma situación que hemos explicado antes. Así que, como siempre, solo acepta lo que sea un verdadero SÍ, haciendo caso en todo momento de tu Estrategia y Autoridad.

Y con este concluye este capítulo sobre los nueve Centros del Cuerpo Gráfico. Sin duda, uno de los apartados más importantes y principales en cuanto respecta a los elementos de nuestro gráfico, ya que son los encargados de manipular toda la energía que fluye a lo largo de nuestro diseño.

Y ahora, pasemos a ver cómo funcionan los cuatro arquetipos de Diseño Humano, sus características principales y la tan mencionada Estrategia de cada uno de ellos.

5

LOS CUATRO TIPOS DE ENERGÍA

INTRODUCCIÓN

Ya hemos visto los nueve Centros que existen en el Cuerpo Gráfico, su mecánica y cómo se expresan en sus diferentes estados. Ahora, vamos a pasar a una de las partes más fundamentales en lo que al sistema de Diseño Humano respecta: los Tipos áuricos y sus Estrategias.

Si bien cada Carta de Diseño Humano es única y existen millones de combinaciones que hacen que el diseño de cada persona sea único, según este sistema nos dividimos en cuatro arquetipos (tipos energéticos) que forman la base principal de esta herramienta.

Aunque en esta sección profundizaremos en los cuatro arquetipos, aquí tienes un pequeño resumen con algunos datos curiosos de cada uno de ellos:

- **Generadores:** forman parte del 70 por ciento de la población (el 35 por ciento son Generadores puros y el 35 por ciento, Generadores Manifestantes) y se consideran un tipo energético (al igual que los Manifestadores). Su aura es abierta y envolvente y son los únicos con el Centro Sacral definido, por lo que disfrutan de un acceso consistente a la energía vital y de creación. Su gran preocupación en la vida es saber quiénes son y a qué dedicar su energía diariamente.
- **Proyectores:** representan un 20 por ciento de la población, el segundo grupo más grande después de los Generadores y GM y se consideran un tipo NO energético (junto con los Reflectores). Su aura es enfocada y penetrante, por lo que son capaces de enfocarse y reconocer de un vistazo a quienes tienen enfrente. Su gran preo-

cupación en la vida es saber quién es el otro, quiénes son los demás.

- **Manifestadores:** constituyen un 9 por ciento de la población y se trata de un tipo energético. Una de las grandes diferencias con respecto a los otros tipos es su aura, ya que tiene una energía densa, cerrada y repelente. Esto hace que resulten impredecibles para el resto de las personas. Su gran preocupación en la vida es conocer el impacto que generan sobre los demás en cualquiera de las acciones que vayan a tomar.

- **Reflectores:** son tan solo un 1 por ciento de la población, de modo que es uno de los tipos menos comunes y más especiales de todos. Su funcionamiento es tremendamente distinto al resto y su estado mental, físico y anímico depende del entorno que les rodea. Se trata de un tipo NO energético y, además, todos los Centros de su gráfico se encuentran sin definir (en blanco). Su gran preocupación en la vida es conocer quiénes son ellos y cómo se están viendo influenciados por su entorno.

Como mencionamos en el capítulo 2, «Conociendo tu Diseño Humano», existe un subtipo dentro de los Generadores al que conocemos como Generador Manifestante. Se incluye dentro del Generador debido a que comparten la mayoría de las características, a excepción de una pequeña pero vital diferencia en la conexión de sus Centros definidos en el Cuerpo Gráfico, que explicaremos con mayor detalle cuando hablemos del Generador Manifestante.

Conocer nuestro Tipo áurico es fundamental, ya que así podremos comprender cómo funciona la mecánica de nuestra aura y aprovechar todo el potencial de nuestra Estrategia para atraer las mejores oportunidades. Al mismo tiempo, hay que tener mucho cuidado de no identificarse única y exclusivamente con nuestro tipo porque es tan solo uno de los muchos aspectos que conforman nuestro diseño.

El Tipo y el aura son dos conceptos que van de la mano, puesto que, cuando nos referimos a nuestro Tipo áurico, estamos haciendo referencia a los cuatro Tipos de frecuencias áuricas que desprendemos. Es el campo electromagnético que nos envuelve a todos, desde el que liberamos nuestra naturaleza particular y, por tanto, desde la que interactuamos con nuestro entorno.

Es por ello por lo que siempre hablamos de cuatro Tipos áuricos, pese a que, al tener en cuenta al Generador Manifestante, en la lista puedas contar cinco elementos. En Diseño Humano tan solo existen cuatro tipos de aura, y la del Generador y la del Generador Manifestante son exactamente la misma. Estos con los tipos de auras:

- **El aura de los Generadores:** abierta y envolvente.
- **El aura de los Manifestadores:** cerrada, densa y repelente.
- **El aura de los Proyectores:** enfocada, penetrante y absorbente.
- **El aura de los Reflectores:** resistente, deslizante y toma muestras del entorno.

El aura proviene de un campo energético alrededor de nuestro cuerpo, al que rodea, y se encarga de transmitir al resto del mundo nuestras características principales y nuestra identidad como personas.

Mide más o menos cuatro metros de diámetro y, en el momento en el que entra en contacto con el aura de otro ser vivo, interactuará energéticamente con él. Cabe destacar, además, que es capaz de traspasar techos, paredes y suelos, por lo que se puede comunicar energéticamente con otra persona o animal, incluso aunque exista una barrera física entre ambas. Dicho de otro modo: si duermes pared con pared con tu vecino, ten por seguro que estás intimando energéticamente con él toda la noche, aunque nunca os hayáis visto las caras.

Ahora que ya conocemos algunas características básicas de cada uno de los arquetipos, veamos uno a uno en detalle.

EL GENERADOR
70% de la población

Aura
Abierta y envolvente

Estrategia
Esperar para responder

Firma y No Ser
Satisfacción/Frustración

El Generador es la tipología más frecuente del mundo, ya que representa a un 70 por ciento de la población. Junto con el Manifestador, es uno de los dos tipos energéticos que existen, por lo que tiene energía suficiente para utilizarla de forma constante en su vida y mantenerla a lo largo del tiempo. E importante, por tanto, que aprenda a emplearla en aquello que le haga sentir bien y le apasione.

El Generador está diseñado para hacer uso de toda esa energía que acumula, de la forma que sea, y responder a las distintas oportunidades que se le presentan en la vida. El trabajo suele ser su gran pasión pero también una obsesión, puesto que ha nacido para ello; para poner toda su energía creativa e incansable al servicio de los demás o de sus propios proyectos o empresas.

Su papel en el mundo es fundamental, ya que al formar parte de la gran mayoría, ejerce una gran influencia sobre el colectivo. Si una buena parte de la población se encuentra haciendo algo que, en realidad, no quiere y vive su vida con frustración, la energía del entorno se sintonizará con esa sensación. Si, por el contrario, se despierta con ganas porque hace con su día lo que más le apasiona, la energía de su entorno será mucho más positiva.

Asimismo, al tener el Sacro definido, este Centro funciona como una especie de batería incansable (lo que ya comentamos en el capítulo 4, «Los nueve Centros del Cuerpo Gráfico»). Cada mañana se despiertan con las pilas al cien por cien y necesitan invertir toda esa energía en aquello que más les aporta —ya sea en una actividad física o una tarea mental— para acabar el día agotados, dormir profundamente y volver a despertarse totalmente repuestos y llenos de energía de nuevo.

Veamos ahora cómo funciona una de las auras más poderosas a la hora de influir sobre quienes la rodean y muy atractiva para aquellas personas que necesitan una dosis de energía.

El aura del Generador

Al hablar del aura de un Generador, lo hacemos siempre de una energía cálida y acogedora, que resulta agradable para las personas en las que impacta. Es un aura abierta y envolvente, que atrae todo tipo de oportunidades e individuos hacia ella durante toda su vida.

Tiene un magnetismo natural y una forma de ser que invita al resto a adentrarse en ella. Emana una energía que sienta bien, que ampara a quienes se funden con ella. Además, este magnetismo también atrae hacia sí todo tipo de estímulos.

Como veremos en su Estrategia, se trata de que se

mueva en respuesta a las reacciones corporales que surgen ante las distintas señales del entorno, bien sea una conversación, un cartel que te encuentres en la calle, un mensaje que acabas de leer, etc.

Por desgracia, se nos ha educado completamente al contrario y no estamos preparados para confiar en esta energía tan potente y magnética que transmite nues-tra aura. Se nos ha enseñado a dar siempre el primer paso, a iniciar las situaciones, a perseguir lo que queremos, a apresurarnos y buscar resultados inmediatos, etc. No somos conscientes de que todas esas oportunidades que buscamos a lo loco y esas relaciones que forzamos llegarán, en realidad, a su debido tiempo gracias a esta aura magnética y atrayente. Tan solo tenemos que estar dispuestos a recibirlas. Esto no significa quedarse en el sofá sin hacer nada, esperando a que alguien llame a nuestra puerta para ofrecernos aquello que queremos, sino que se trata de cultivar la paciencia y prestar más atención a todas esas señales que nos llegan de fuera constantemente. Cada aviso, sonido, persona, conversación u objeto puede convertirse en un estímulo que nos impulse a ponernos en marcha para emprender algo que nos aporta felicidad y repercute en nuestra abundancia.

De aquí nace la estrategia del Generador, del magnetismo que ejerce el poder de su aura. Un funcionamiento de vida donde se priorizan la espera, la paciencia y la atención a los constantes estímulos del exterior, antes de invertir la energía a lo loco en una tarea que no sabemos si nos satisface de verdad. Su aura se encarga de atraer un sinfín de oportunidades y personas cada día, por lo que siempre se encontrará con distintas señales en su mundo exterior a las que poder responder.

Pasemos a ver cómo funciona esta Estrategia y de qué manera podemos aprender a utilizarla a nuestro favor. Algo que sin duda marcará un antes y un después en muchos de los ámbitos de nuestra vida, pero sobre todo en el mundo laboral, que es uno de los más importantes para cualquier Generador.

Estrategia del Generador

La Estrategia del Generador consiste en «esperar a responder», esto es, necesita esperar a que llegue a su vida un estímulo externo al que reaccione antes de tomar una decisión o llevar a cabo alguna acción en concreto.

Como ya hemos explicado en el apartado que dedicábamos al aura del Generador, es muy importante aprender a respetar esta espera y no apresurarnos, ya que todo llegará a su debido tiempo. Los Generadores atraen oportunidades hacia sí mismos constantemente, por lo que tan solo tienen que aprender a distinguir aquellas en las que desean invertir su energía.

Estos estímulos o señales externas pueden ser cualquier cosa: desde una conversación que escuchas por la calle y te recuerda algo a un cartel publicitario que leas o una canción que suena en las redes sociales, etc. Sea como sea, necesitas que ese «algo» (el estímulo) se presente en tu realidad y, en respuesta, decidas qué hacer o qué decisión tomar. No vale que tengas una idea propia, de forma interna, y directamente vayas a tomar una decisión.

Cuando la respuesta hacia un estímulo es un SÍ gigante, el Generador puede notar cómo su cuerpo se dirige hacia ello. Le pide moverse y su respuesta es actuar con energía. Puede percibirlo como una especie de subidón de energía, ganas de ponerse en marcha o incluso a través de sonidos que acompañan esa emoción.

Por el contrario, cuando la respuesta es un NO, notará todo lo contrario. Observará cómo su cuerpo se contrae y rechaza energéticamente aquello a lo que responde. Advertirá una clara desgana y tal vez lo exprese mediante gestos corporales, quizá muestre signos de pereza o negación, etc.

Aunque empezar a aplicar esta estrategia de espera puede resultar una tarea complicada al principio, es posible que marque un antes y un después en la vida de cualquier persona del tipo Generador. Esto exige tener mucha confianza en que la vida nos va a deparar lo que necesitamos, pero si lo hace, le ayudará a poner su energía en aquello que quiere de verdad corporalmente, en lugar de vender su alma a una idea que tiene en su cabeza de a saber de dónde le ha llegado.

Se nota mucho cuando un Generador no se encuentra alineado con su diseño, ya que intenta llevar a cabo todo lo que le viene de la mente, sin esperar a recibir primero un estímulo externo al que poder responder para que sea una decisión más en línea con la energía de su aura. Suelen ser personas agotadas, cansadas de tanto iniciar las situaciones y probar sin llegar a los resultados que mentalmente esperaban y que viven su día a día en un estado de frustración enorme.

La frustración es una de las emociones que nos sirven como señales para detectar si vamos por buen camino o no como Generadores. Estas señales surgen en el momento en el que nos encontramos en consonancia con nuestro diseño (el Ser) o cuando estamos desconectados de nuestra energía (el No Ser).

Firma y No Ser

La primera vez que leemos o escuchamos hablar sobre la Firma y el No Ser puede resultar un tanto confuso. Pero no te preocupes, que en este capítulo te vamos a explicar lo que significan estos dos conceptos. Básicamente, se podrían resumir así:

- **Firma:** es la emoción principal que experimentamos cuando vivimos de lleno nuestro Tipo y nuestra Estrategia, cuando estamos alineados con nuestro Diseño Humano.

- **No Ser:** se trata de lo que experimentamos en cualquier situación en la que no estamos actuando acorde con nuestro diseño.

Cada uno de los arquetipos de Diseño Humano tiene su Firma y No Ser concretos, que varían según el funcionamiento de su Estrategia. Si seguimos nuestra Estrategia (a la vez que tomamos decisiones desde nuestra Autoridad), experimentaremos nuestra Firma particular. Por el contrario, si hacemos caso omiso a cómo funcionan nuestro Tipo y nuestra Estrategia, sentiremos todo lo contrario.

Y ahora que ya hemos aclarado lo que significan ambos conceptos, veamos en detalle cuál es la Firma y el No Ser del tipo Generador. Estos son los dos estados emocionales en los que se puede encontrar cualquier Generador a lo largo de su vida, sea en el ámbito que sea:

- **Firma del Generador:** satisfacción.
- **No Ser del Generador:** frustración.

Cuando el Generador actúa según su Estrategia (esperar a responder) para atraer las oportunidades correctas y hace caso de su Autoridad interna a la hora de tomar las decisiones con respecto a dichas oportunidades, podrá experimentar un sentimiento de satisfacción. Este es el principal indicador de que está haciendo bien las cosas, de que está dedicando su energía alineada a las tareas o personas realmente correctas para él. Esto se da así cuando ha cultivado la paciencia necesaria como para permitirse aguardar a que lleguen esos estímulos externos que necesita y responder a ellos de una manera alineada con su diseño, escuchando a su cuerpo y no a su mente.

Sin embargo, cuando hace todo lo contrario, se pone en marcha a lo loco y no espera a que aparezcan esas señales en su realidad, o cuando las recibe no responde a ellas según su Autoridad interna (su toma de decisiones particular), sentirá todo lo contrario: tendrá una sensación de frustración interna que, con el paso de los días, lo consumirá poco a poco. Es el claro ejemplo de una persona que se siente agotada, sin creatividad, decepcionada, frustrada y exhausta, que ya no puede más con su vida.

Estas dos emociones, la satisfacción y la frustración, son el barómetro interno de cualquier persona que pertenezca al grupo de los Generadores.

Por eso es tan importante tener consciencia de ambos sentimientos, porque son los indicadores perfectos para saber qué tal les está yendo en un ámbito concreto de la vida. Es posible que estén muy alineados en cuanto al campo profesional, pero que, en lo que concierne a sus relaciones afectivas, esté todo del revés.

Consejos prácticos

Veamos ahora algunos consejos prácticos que ayudarán a que el Generador pueda encontrarse más acorde con su energía y disfrutar de ese sentimiento de satisfacción que tanto se merece.

Consejo 1: Límites claros

No existe nada más frustrante para un Generador que tener la obligación de dedicar su energía a una tarea que, en realidad, no quiere llevar a cabo. A esta situación solo ha podido llegar por dos motivos: o bien se ha comprometido con algo que no quería y se alarga más de lo necesario, o bien no ha sabido decir que no en el momento en el que se le presentó una propuesta o le llegó un estímulo.

Ambas situaciones se solucionan haciendo caso de su Autoridad interna y entendiendo que no ha de regalar su energía, por mucho que tenga de sobra. Estas personas deben aprender a ser mucho más selectivas con las tareas en las que invierten su energía y escoger las que de verdad quieran hacer y les hagan sentirse satisfechas.

Consejo 2: Preguntas de SÍ/NO

Este consejo sale siempre en todas nuestras formaciones, vídeos y artículos del blog, precisamente porque para un Generador las preguntas son una de las actividades más sencillas pero más eficaces.

El Generador necesita responder a estímulos externos y cuanto más sencillos sean mejor, por lo que las preguntas cortas y directas le vienen genial para ayudarle a decidirse. Así, en vez de preguntarle: «¿Qué te apetece hacer hoy?», prueba a darle directamente una opción a la que responder, como por ejemplo: «¿Quieres ir a dar una vuelta al parque?» o «¿Te apetece ver una peli?». Cuanto más específica sea la pregunta, más sencillo será para el Generador responder según su deseo real.

Consejo 3: Gózalo en todo lo que hagas

Todo el mundo tiene que disfrutar de lo que hace en su día a día y vivir la vida que quiere (en la medida de lo posible), pero, para un Generador, vivir desde la satisfacción lo es todo.

Da igual en qué decide poner su energía, lo grande o pequeño que resulte, lo corto o largo que dure en el tiempo, necesita disfrutar al máximo cada momento de su vida en donde ha decidido invertir su energía.

Esto le permitirá gozar de buena salud y tener una vida llena de satisfacción, que, al fin y al cabo, es lo que busca cualquier Generador: poder mover su energía desde la satisfacción, disfrutar de su trabajo y aportar al mundo su energía creativa y positiva.

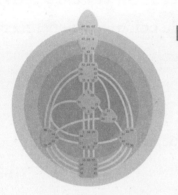

**GENERADOR
MANIFESTANTE**
Subtipo de Generador

Aura
Abierta y envolvente

Estrategia
Esperar para responder

Firma y No Ser
Satisfacción/Frustración

Al principio de este capítulo comentábamos que el Generador Manifestante no es un Tipo áurico separado, sino que forma parte del tipo Generador dado que comparten el mismo tipo de aura. Al mismo tiempo, es importante entender bien sus diferencias y las cualidades que lo hacen único y lo distinguen de un Generador tradicional.

Los Generadores Manifestantes representan la mitad dentro del grupo del 70 por ciento de la población que forman los Generadores, por lo que un

35 por ciento de las personas pertenecen a este tipo. Al ser un subtipo de Generador, es energético, por lo que tiene también la capacidad de generar muchísima energía y mantenerla a largo plazo. De hecho, una de las principales diferencias con respecto al Generador puro es que son capaces de enfocar esta energía en distintas actividades a la vez. Son, por tanto, capaces de llevar a cabo múltiples tareas o pasiones al mismo tiempo.

Recordemos también que tienen el Sacro definido, por lo que necesitan hacer uso de toda esa energía acumulada a lo largo del día para reponerse durante la noche. Es más, los Generadores Manifestantes suelen emplear esta energía de forma mucho más rápida que los Generadores tradicionales al enfocarse de lleno en una actividad en concreto, que, cual hormiguitas, perfeccionan hasta llegar a su finalización.

Tanto el Generador Manifestante como el Generador tradicional comparten el mismo tipo de aura, así que si has llegado directamente aquí y todavía no has visto el tipo Generador, te recomendamos echar un vistazo a la sección anterior, donde lo explicamos en profundidad.

Y ahora, pasemos a ver las principales diferencias entre un Generador tradicional y un Generador Manifestante.

Generador puro vs. Generador Manifestante

Los dos están aquí para trabajar y poner su energía creativa al servicio del mundo. Sin embargo, nos encontramos con algunas claras diferencias entre ambos.

A diferencia del Generador tradicional, el Generador Manifestante pasa a la acción con aquello que se propone con mucha más rapidez. A pesar de que un Generador tradicional puede ser rápido y mantener la energía por mucho tiempo en una misma tarea, los Generadores Manifestantes son capaces de multiplicar esa celeridad.

Esta habilidad de llevar a cabo la faena con tanta presteza se debe a que, aparte de tener el Centro Sacral definido, tienen un Centro motor conectado a la Garganta. Esto les da una capacidad increíble de manifestar rápidamente todo aquello que se proponen.

Hablamos de esas personas que dicen que tienen que hacer algo y, mientras lo dicen, ya se están poniendo de pie para llevarlo a cabo, antes incluso de terminar la frase. Se trata de una energía muy potente que, cuando actúa respetando su estrategia y su Autoridad interna, tiene un potencial increíble y digno de admirar.

No obstante, a veces, tanta velocidad puede pasarles factura, ya que al actuar tan rápido frente a una decisión, pueden olvidar ciertos pasos por el camino, pasar alguna cosa por alto. Entonces necesitan repetir la tarea o volver atrás para hacer aquello que se habían saltado.

Esto no está mal ni es incorrecto, simplemente se trata de una mecánica, una manera de funcionar que es del todo efectiva para ellos. Es la forma en la que se desarrollan y evolucionan como seres humanos.

Además, les encanta implicarse en más de una tarea a la vez y no suelen centrarse en una sola, a diferencia del Generador puro. Suelen tener varios frentes abiertos con los que trabajar o a los que quieren dedicarles horas.

Esta es una de las partes más importantes que conviene comprender de este Tipo, ya que necesitan que se respete esta faceta tan característica que tienen. Han de sentir que tienen la libertad y la flexibilidad de llevar a cabo todo aquello que quieren, además de cambiar de tarea tan pronto como se les antoje. Por muy abrumadores que su velocidad o sus cambios de vida nos puedan parecer al resto, para ellos es completamente saludable vivir desde esta naturaleza.

Estrategia del Generador Manifestante

Al compartir la misma aura que un Generador tradicional, la Estrategia de un Generador Manifestante también consiste en «esperar a responder».

Esta espera suele resultarles más complicada a los Generadores Manifestantes, puesto que sienten la necesidad de pasar a la acción de inmediato, por lo que suelen dejarse llevar por la mente más fácilmente, que les fuerza a *hacer cosas* todo el tiempo, en lugar de frenar y esperar a ver cómo reaccionan a los distintos estímulos que les trae la vida. Aun así, no hay que confundir esta Estrategia con la del Manifestador, que es una energía iniciadora, como veremos más adelante, cuando expliquemos en detalle el funcionamiento de este tipo. En cierto modo, se trata de una energía parecida a la del Tipo Manifestador, pero no debemos dejarnos confundir por el nombre de Generador Manifestante, ya que seguimos observando una Estrategia que consiste en esperar a las señales externas y no en iniciar.

Al ver que tienen esa cualidad, les resulta muy fácil sentirse cómodos con la sensación de autosuficiencia para llevar a cabo las cosas o tratar de emprender y ser quienes dan el primer paso. Además, tampoco llevan nada bien el control por parte del resto de las personas.

Es importante que entiendan que su potencial como Generadores Manifestantes reside en esperar y responder a los estímulos que les vienen de fuera (al igual que un Generador tradicional), por mucho que tengan la capacidad de manifestarse rápidamente.

La vida está llena de estímulos para ellos, así que tan solo tienen que mostrarse abiertos y esperar a recibirlos para reaccionar positivamente a una señal (si así les nace). Esto solo pueden hacerlo si confían en su estrategia de espera y conectan con sus respuestas corporales, en vez de darle el poder a la mente sobre su toma de decisiones.

Esto suele ser un reto para ellos, ya que, como les es mucho más natural iniciar y pasar a la acción, tienden a tomar muchas de sus decisiones desde su mente en lugar de esperar a responder a un estímulo. Algo que a largo plazo les puede pasar factura y agotarles por completo, tanto física como mentalmente.

Es aquí donde nos encontramos con su Firma y su No Ser, características que comparten con el Tipo Generador. Al igual que este último, el Generador Manifestante experimenta un sentimiento de satisfacción cuando se encuentra alineado con su diseño, cuando se mueve por la vida haciendo caso de su Estrategia y su Autoridad. Por el contrario, si se deja llevar por sus decisiones mentales, sin esperar a ver cómo reacciona primero a los estímulos que le han llegado, o no hace caso de su Autoridad, lo que sentirá es una sensación de frustración que lo consumirá con el paso del tiempo.

Consejos prácticos

Aunque todos los consejos que hemos comentado en la sección dedicada al tipo Generador también son válidos para el Generador Manifestante, hemos querido incluir un par de consejos importantes para este subtipo, para facilitar la puesta en práctica de su Diseño Humano en el día a día y complementar también los del Generador tradicional.

Consejo 1: Permítete funcionar en modo multitarea

Recuerda que tienes mucha más energía en tu interior que cualquiera de los otros Tipos áuricos, así que no vas a tener problema a la hora de ponerla al servicio de varias actividades al mismo tiempo (siempre y cuando te apasionen y sean lo que en realidad quieres llevar a cabo, por supuesto). Permítete múltiples pasiones a la vez y disfruta de todas ellas, sin centrarte en una sola, pese a la creencia popular de que centrarse solo en una debería ser lo correcto. Si sientes que necesitas dejar a medias algo de lo que estabas haciendo porque te nace empezar con otra, adelante. Ya habrá tiempo de retomarla si en algún momento te vuelve a apetecer.

Eso sí, ten cuidado con comprometerte de más con tareas en las que estén involucradas otras personas, ya que si vas saltando de una a otra, dejando a un lado esos compromisos, tampoco te sentirás bien y puedes dañar tu relación con esos vínculos.

Consejo 2: No presiones al resto

Imagínate por un momento que eres un tren de alta velocidad y que el resto de las personas de tu entorno, si no son Generadores Manifestantes como tú, son un tren de mercancías. Mientras tú puedes ir a 300 km/h por la vida, el resto quizá circulemos a 60 km/h. De modo que ten mucho cuidado con exigir a la gente a tu alrededor que discurran a la misma velocidad que tú (en especial si tienen el Centro Raíz sin definir) porque pueden pasar dos cosas:

- Que descarrilen y terminen sobrecargadas, quemadas o agotadas por no poder mantener el ritmo, lo que hará que prefieran abandonar aquello que estén realizando en ese momento.

- Que no soporten tus exigencias y que prefieran alejarse o cesar la relación para no tener que lidiar con tanta presión por tu parte, por mucho que en el fondo comprendan que, en realidad, quieres lo mejor para ellos.

Cada persona tiene su propio ritmo y ninguno de ellos es mejor que otro. Estamos malacostumbrados a pensar que existe un ritmo concreto en la vida, una edad determinada para llevar a cabo unos estudios, una edad límite para ser madres o padres, etc. Nada más lejos de la realidad. No todo el mundo tiene por qué conducir a la misma velocidad en la vida.

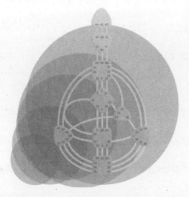

EL PROYECTOR
20 % de la población

Aura
Enfocada y penetrante

Estrategia
Esperar a la invitación

Firma y No Ser
Éxito/Amargura

El Proyector es el segundo Tipo áurico más común en el mundo, representa un 20 por ciento de la población total. En este caso, a diferencia de los Generadores, se trata de un tipo NO energético, por lo que no tiene un acceso constante a la capacidad de generar o de manifestar. Necesita la colaboración de otros para llevar a cabo estas acciones.

Al no contar con un Sacro definido, no tienen la capacidad (tampoco el deseo o la necesidad) de dedicar su energía física de forma constante. Este no es su papel principal. Están aquí para guiar al resto de los Tipos, ya que su potencial principal es el de saber escanear, guiar, gestionar y optimizar la energía de su entorno. Suelen ser muy buenos líderes y consejeros, por lo que su opinión es de mucho valor para todos nosotros.

Son aquellas personas a las que se les puede pedir un consejo sobre cualquier tema, estarán encantadas de ayudar y aportar su punto de vista. Son muy buenas consejeras. Les encanta observar a los demás y son capaces de verlos en profundidad, pudiendo comprender cómo funcionan energéticamente, qué necesidades tienen y qué camino podrían escoger para resolver sus problemas. Este papel puede presentarse de muchas formas distintas, pero lo más importante es que cada Proyector encuentre un sistema (llámese psicología, Diseño Humano, reiki, breathwork, etc.) que les aporte las herramientas para guiar al otro de manera individual y de forma eficiente.

A menudo pueden sentir que no tienen tanta energía en comparación con el resto (recuerda que el 70 por ciento de la población es del Tipo Generador y que tienen acceso a una energía creativa en constante funcionamiento). Les resulta muy beneficioso alejarse de la idea de que tienen que tratar de ser tan productivos como el resto porque su papel es completamente distinto y muy importante para el correcto funcionamiento de una sociedad sana y equilibrada.

Pasemos ahora a ver cómo funciona la mecánica de su aura y de qué forma puede alinearse con esta para empezar a atraer las mejores oportunidades a su vida y sentir mucha más plenitud.

El aura del Proyector

Antes hemos visto que el aura de un Generador es una especie de imán gigante que está constantemente atrayendo estímulos, personas y oportunidades del exterior hacia sí. En el caso del Proyector, se trata de un aura distinta del todo.

Nos encontramos con un aura enfocada, absorbente y penetrante, diseñada sobre todo para interactuar con las personas en relaciones de uno a uno. De persona a persona, aunque esto no quiere decir que no pueda trabajar también en grupo. Recordemos que son los grandes líderes de la sociedad, así que esa capacidad de guiar, aconsejar o liderar a varias personas está implícita en su forma de funcionar. No hay nada que no pueda hacer, eso que quede claro.

Eso sí, si nos centramos en su aura, el modo en el que mejor opera es de forma individual, cuando puede centrarse en cuerpo y alma en la persona que tiene delante, en una persona a la vez. Su aura se enfoca por completo en el centro G de la persona, por lo que para un Proyector resulta muy fácil analizar a quien tiene delante, energéticamente hablando, entender su camino y sus posibles necesidades.

Son capaces de ver al otro en profundidad y guiarlos desde lo que están percibiendo y sintiendo de esa persona. Esto es algo que les facilita en gran medida disponer de una perspectiva global de cualquier situación. Además, gran parte de la población proyectora tiene numerosos centros sin definir, coleccionan muchísima sabiduría en el otro a través de las temáticas sin definir en su gráfico.

Al mismo tiempo, esto puede ser muy duro para

ellos, ya que son uno de los tipos más vulnerables al entorno. Por eso conviene que tengan mucho cuidado con las personas de su alrededor, ya que con cada interacción es como si se metieran por completo en sus almas, por lo que pueden acabar llevándose toda su negatividad y asumir los problemas del otro como si fuesen suyos.

Necesitan ser muy selectivos con las personas que les rodean y con quienes comparten su vida. Hacerse estas preguntas puede serles de gran ayuda:

- ¿El entorno en el que me encuentro me gusta y me hace sentir bien?
- ¿Qué tipo de personas estoy dejando entrar en mi vida?
- ¿Estoy recibiendo invitaciones en mi entorno?
- ¿Se me valora? ¿Se me reconoce?

Cuidando su entorno, dominando una especialidad y exponiendo su trabajo podrán recibir las invitaciones correctas que necesitan y el reconocimiento que se merecen. Esto forma parte de su Estrategia y es lo más importante para una persona proyectora, así que veamos cómo funciona y qué es lo que necesita para atraer las mejores oportunidades a su vida.

Estrategia del Proyector

Del mismo modo que con el Tipo Generador, nos encontramos con una estrategia de espera, aunque, en este caso, no se trata de una espera a una señal o estímulo externo, sino a un reconocimiento previo e invitación personal por parte de otra persona o de un equipo. Los Proyectores necesitan aguardar a esa implicación y apertura previa del otro antes de involucrarse en una relación, proyecto, empresa o colaboración.

Recuerda que el Manifestador es el único arquetipo que está energéticamente preparado para iniciar una acción sin necesidad de tener que esperar a nada que le llegue del mundo exterior (como es una señal en el caso de Generadores y Generadores Manifestantes, o una invitación personal en el caso del Proyector). No olvides, por tanto, que el responder a un estímulo o esperar a algo externo es propio del Tipo Manifestador.

Este reconocimiento que necesita para poder recibir una invitación puede salir a la luz una vez que el Proyector exponga sus capacidades al mundo. Los reconocimientos tienen que ser lo más específicos posibles y pueden ser afirmaciones como estas:

- Me gusta mucho lo que piensas sobre este tema en concreto. ¿Te apetece hacer una entrevista en mi comunidad?
- La forma en la que dibujas me alucina. ¿Podrías hacerme un cuadro para un regalo?

Se trata de que al resto de las personas les guste su energía, le reconozcan y le inviten a participar en una actividad con ellos, a tener una conversación o a dejarse guiar. Esa energía puede referirse a un talento o especialidad, una visión concreta sobre el funcionamiento de la sociedad, una opinión, la forma de expresarse, etc.

El modo en el que un Proyector se abre a recibir muchas más invitaciones y a sentirse más reconocido por las personas de su entorno es formándose en profundidad en un tema que le apasiona. De esta forma, podrá cultivar ese talento y mostrarlo al mundo, para que vean de lo que es capaz y empiece a recibir todo el reconocimiento e invitaciones posibles.

La invitación no siempre tiene por qué ser una pregunta formal en la que se le pida expresamente que trabajen con ellos o que realicen una tarea específica (aunque sí la más ideal). Se trata de que la otra persona muestre una disponibilidad energética, como bien puede ser una mirada, un gesto o una pregunta. Imagina que un Proyector está hablando con un amigo y se muere de ganas de ofrecerle su consejo sobre ese tema del que están debatiendo, porque siente que a su amigo le ayudaría mucho tener esa nueva perspectiva. A no ser que detecte que existe una disponibilidad energética por parte del amigo para recibir ese consejo, lo mejor será que se mantenga al margen. Por el contrario, si ve que le pide consejo, muestra interés en que exprese su punto de vista, entonces sí, puede compartir su opinión y será bien recibida.

Aprender a detectar esta apertura en el otro no ocurre de un día para el otro, pero sí que mejora con el tiempo. Las invitaciones más importantes de la vida (una relación de pareja, un nuevo trabajo, un cambio de vivienda o una colaboración especial) no se reciben todos los días, por lo que el Proyector necesita tener paciencia, formarse y trabajar su sentido de valor propio hasta que estas lleguen.

Firma y No Ser

Si todavía no has leído sobre lo que significan estos conceptos, tienes una pequeña aclaración en el primero de los arquetipos, el Tipo Generador, en la sección de su Firma y No Ser. Una vez aclarado esto, veamos cuál es la Firma y el No Ser del Proyector:

- **Firma del Proyector:** éxito.
- **No Ser del Proyector:** amargura.

Cuando nos encontramos con un Proyector que va por el camino correcto, espera las invitaciones apropiadas y responde según su Autoridad interna, tenemos una persona alineada energéticamente con su diseño que experimenta una sensación de éxito.

Esa sensación de éxito le está avisando al Proyector de que está esperando al reconocimiento previo de la otra persona, un proyecto o un equipo, y más tarde, a la invitación que le ayuda a entrar correctamente en esa experiencia. Y que, por tanto, estás facilitando que tu guía sea bien recibida y que ese vínculo energético se dé de una manera más armoniosa y agradable.

Por el contrario, cuando no respetan esa estrategia de espera e inician de primeras sin haber recibido antes el reconocimiento y la invitación apropiada, las cosas se tuercen y es cuando les nace un sentimiento de amargura en su interior.

Podemos encontrarnos con Proyectores que van amargados por la vida, y es muy triste, porque tienen tantísimo potencial que es una pena que no puedan sacarlo a la luz por estar pensando en suplir las necesidades de los demás en vez de las propias. Si no dejan de sacrificarse por el resto, no descansan lo suficiente y no profundizan en lo suyo, este sentimiento de amargura perdurará y se intensificará con el tiempo.

Necesitan empezar a tomar las decisiones desde su Autoridad, entrar en las invitaciones adecuadas cuidando su entorno y profundizar en aquello que más les guste, formarse para poder mostrar sus talentos al mundo. Solo de esta forma se les presentarán todas esas invitaciones y el reconocimiento que tanto necesitan para poder sentir el éxito.

Consejos prácticos

Aunque ya hemos mencionado lo más importante para el Proyector a la hora de aprender a reconocer las invitaciones correctas y gestionar su energía, veamos algunos consejos muy útiles para este arquetipo que le pueden cambiar la vida.

Consejo 1: Estudios y formación

Nunca es suficiente para un Proyector en lo que a estudios se refiere. Profesionalizarse, profundizar y cultivar su talento tiene que ser la principal motivación de las personas que pertenecen a este arquetipo tan especial.

Necesitan de verdad exprimir a tope los conocimientos y estudiar tantas horas como precisen para volverse unos expertos en la materia que hayan escogido. Esta materia puede cambiar, o no, a lo largo de los años, pero siempre tiene que ser en relación con una temática que les apasione, en especial un sistema que les ayude a comprender a las personas.

Consejo 2: El descanso debe convertirse en prioridad

Hemos hecho mención a sus Centros sin definir y la importancia que tienen debido a que están constantemente absorbiendo las energías de las personas de su entorno. Si a esto le sumamos que se trata de un tipo NO energético y que no tiene la capacidad de mantener la energía de forma constante a lo largo del tiempo, nos encontramos con una bomba de relojería que en algún momento explotará por no poder soportar tanta carga.

Para una persona del Tipo Proyector, es superimportante que aprenda la importancia del descanso a lo largo del día, para desconectar del resto de las energías, del trabajo, de las relaciones personales y de las distintas obligaciones.

Esto es algo que les mantendrá saludables y les permitirá volver a sentirse recargados para otra tanda de trabajo, creatividad o relaciones sociales.

Consejo 3: Muestra tus capacidades al mundo

Es imposible que recibas invitaciones o que el resto de las personas reconozcan tus talentos si no los muestras al mundo exterior y no dejas que te conozcan. Puedes ser el mejor pintor de la historia, pero si nadie ha visto nunca un cuadro tuyo, jamás te pedirán uno ni te pagarán por ninguna de tus obras.

Necesitas exponer tus talentos, y hoy en día existen infinitas herramientas para aprovecharlas a tu favor. Además, estas herramientas no solo te van a servir a nivel local, en tu ciudad, sino que te abrirán y te permitirán mostrarte al mundo entero. Los Proyectores nunca lo habían tenido tan fácil como ahora gracias a internet y herramientas como las redes sociales, los blogs, las plataformas de trabajo o Freelancers, YouTube, además del conocidísimo boca a boca.

Pon en práctica este consejo junto con el de estar en un constante proceso de formación para ser cada vez más experto en tu materia y verás cómo las invitaciones empiezan a llover de todas partes.

EL MANIFESTADOR
9 % de la población

Aura
Cerrada y repelente

Estrategia
Informar antes de actuar

Firma y No Ser
Paz/Rabia

El Manifestador es el segundo arquetipo menos común, con tan solo un 9 por ciento de representación mundial. Teniendo en cuenta la cantidad de personas que vivimos en el mundo, continúa tratándose de una cantidad de personas elevada, aunque la diferencia sigue siendo enorme en comparación a los dos tipos anteriores.

Es uno de los tipos energéticos, por lo que no necesita de otros para poder manifestar aquello que desea, al igual que los Generadores o los Generadores Manifestantes no necesitan del otro para generar.

Son personas independientes y autosuficientes por naturaleza. Si solo tenemos en cuenta el Tipo áurico, de hecho, son los más independientes de todo el sistema. Odian, más que nada en el mundo, que se les diga lo que tienen que hacer o sentirse con la obligación de hacer tareas que no quieren.

Necesitan tener el control absoluto sobre sus vidas sin que nadie trate de controlarles. Esto es algo que les mantiene sanos. Pero para que pueda darse así, necesitan informar a los otros de sus acciones. De esta forma, reducen el impacto que generan en los demás.

Así como nos encontramos con que todos los Generadores tienen el Sacro definido, todos los Manifestadores tienen siempre la Garganta definida. Es su Centro distintivo, el que les aporta esa capacidad de manifestación constante que tienen. Esto los convierte en grandes comunicadores, lo que facilita mucho que puedan llevar a cabo su Estrategia de «informar a los demás antes de actuar».

Llevar a cabo esta Estrategia marcará una gran diferencia a la hora de relacionarse con las personas de su entorno y les permitirá manifestarse libremente sin que traten de controlarles, que es lo que más desean en realidad. Como veremos en nada, aprender a comunicarse efectivamente les será muy beneficioso porque por naturaleza su aura provoca un gran impacto en los demás.

El aura del Manifestador

El aura de un Manifestador es cerrada, protectora y repelente. Si bien estos adjetivos parecen tener una connotación un poco negativa al escucharlos o leerlos por primera vez, vamos a ver cómo, en realidad, estas cualidades son indispensables para el propósito de vida de un Manifestador.

Se trata de un aura que ha venido a dar inicio a las oportunidades, por lo que necesita que el nacimiento de esas creaciones se dé, sí o sí. Por eso se trata de una energía cerrada y que empuja hacia fuera. Es la protección natural para que nada interfiera en su camino.

Como ves, estas cualidades del aura del Manifestador no son para nada negativas. En absoluto. Tienen un sentido y un propósito de ser muy específicos, constituyen la mecánica de esta aura en concreto, y tiene que ser así por la salud y la tranquilidad de la persona manifestadora. Por tanto, no es un aspecto que haya que cambiar.

La protección que les garantiza la energía cerrada de su aura es la que les permite llevar a cabo aquello que, en realidad, desean y poder manifestar libremente. Aunque, al mismo tiempo, esto puede que les haga sentirse muy solos, incluso si no es lo que en verdad desean.

Es fundamental que ya no solo comprendan a la perfección el funcionamiento de su energía, sino que sepan comunicárselo con eficacia a los demás. Si sus seres queridos están al tanto de su naturaleza, van a ser conscientes de cuáles son sus principales necesidades y podrán mantener relaciones sanas, cómodas y armoniosas con los suyos. Si no son capaces de comunicarlo, generarán tal impacto que dará como resultado justo lo contrario a lo que buscan. En lugar de tener una independencia total para llevar a cabo todo aquello que desean, provocarán que aquellos que pueden verse afectados por sus acciones traten de controlarles o sospechen de sus acciones, lo cual puede perjudicar en gran medida sus vínculos.

Se trata de una energía que de primeras puede verse muy impredecible e incontrolable, así que es superimportante tener una buena comunicación para avisar al resto de las personas de todos los movimientos. Esto es algo que reducirá mucho el impacto de esas acciones y pondrá en preaviso a todos los afectados.

Y aquí es donde entra en juego la Estrategia del Manifestador de «informar antes de actuar», gracias a la cual conseguirá reducir esa barrera energética que tiene por naturaleza. Veamos cómo funciona y de qué manera pueden sacarle el mayor provecho.

Estrategia del Manifestador

El Tipo Manifestador es el único arquetipo de Diseño Humano capacitado para tomar la iniciativa y entrar en acción sin esperar a un estímulo o una invitación previa. Esto les da mucha libertad a la hora de llevar a cabo aquello que quieren en la vida, pero a la vez produce mucho impacto en los demás, ya que sus acciones pueden pillarles absolutamente por sorpresa.

Como ya hemos explicado en el apartado anterior, su aura es cerrada, protectora y repelente, por lo que al resto de las personas les cuesta adivinar cuál será su siguiente paso, que están tratando de hacer, lo que piensan, cómo se sienten, etc. Su aura no facilita esa transparencia energética. Es más, provoca un halo de misterio con el que los demás pueden sentirse incómodos.

Su Estrategia consiste en informar antes de actuar. De esta forma, la gente que se verá afectada por sus acciones puede prepararse, quedarse tranquila con lo que va a suceder y confiar en sus palabras. Esto hará que no traten de obstaculizar aquello que quiere llevar a cabo el Manifestador, ni tampoco intentarán ejercer control sobre él.

Necesitan informar y mantener al tanto a los demás porque hay gente implícita en sus acciones, en todas esas decisiones que toman a lo largo de su vida. Por desgracia, si desde pequeños no se les ha enseñado el valor de la comunicación ni se les ha educado a pedir permiso, esto puede acarrearles muchos problemas en su vida adulta.

Pedir permiso cuando todavía no son adultos es la

forma en la que llevan a cabo su Estrategia mientras siguen dependiendo de otras personas. De este modo, cuando sean adultos, estarán preparados para informar y avisar a su entorno de su posible impacto.

Un Manifestador reprimido al que no se le ha enseñado a informar o comunicarse abiertamente con los demás por el miedo al control no cambia de la noche a la mañana. Se trata de un camino retador y complejo para terminar de integrar esta mecánica, pero una vez que la incorpore en su vida, verá cambios increíbles.

Es importante que preste atención a las señales que le dan su Firma y su No Ser, para saber desde qué lugar está tomando decisiones. Así que veamos cuáles son aquellas señales que nos indican si un Manifestador va por buen o mal camino en cualquier ámbito de la vida.

Firma y No Ser

Si todavía no has leído sobre lo que significan estos conceptos, tienes una pequeña aclaración en el primero de los arquetipos, el tipo Generador, en la sección de su Firma y No Ser. Una vez aclarado esto, veamos cuál es la Firma y el No Ser del Manifestador:

- **Firma del Manifestador:** paz.
- **No Ser del Manifestador:** rabia.

En el momento en el que un Manifestador empieza a hacer uso de su Estrategia e informa claramente antes de tomar una decisión a las personas que van a verse implicadas en esa acción, el Manifestador puede sentir cómo se reduce la necesidad de los demás de tenerle vigilado, controlado o manipulado. Es entonces cuando podrá manifestarse con mucha más comodidad y llevar a cabo todo aquello que le nace de dentro, lo que le dará una sensación de paz inigualable.

Esta sensación de paz es la que buscan conseguir para poder expresar todo lo que les ha nacido de forma interna y tomar las decisiones más alineadas con ellos mismos. No hay nada más maravilloso que ver que un Manifestador puede iniciar una acción libremente sin que el resto trate de controlar sus acciones porque les ha informado en todo momento y ha mantenido una buena comunicación. Es su propósito de vida. Para eso están aquí: para iniciar oportunidades de las que el resto de la población podremos hacer uso más tarde.

Los Manifestadores pueden lograr esto al emplear su Estrategia y respetar su Autoridad interna, la cual les guiará al tomar decisiones en su vida. Informar antes de actuar siempre será uno de los puntos más importantes de este arquetipo.

Sin embargo, cuando no se trabaja adecuadamente esa comunicación y no se informa a los posibles afectados, empezará a sentir todo lo contrario. La emoción que experimentará en aquellas áreas de su vida en las que descuida esta estrategia es la rabia. Una rabia interna que puede expresarse de dos formas:

- **De forma interna:** el Manifestador en cuestión se encierra en su mundo interior y deja de hacer uso de todo su potencial, para no tener que enfrentarse a ese control por parte del exterior al que ha terminado acostumbrándose. Pierde su esencia impactante y transformadora.

- **De forma externa:** esa rabia se manifiesta en forma de ira hacia el resto de las personas o el mundo como tal, incluso expresa cierta agresividad tanto con sus palabras como con sus acciones.

Es importante que el Manifestador esté atento a posibles señales e indicios de esta rabia, por pequeños que sean, para ponerles remedio lo antes posible y empezar a prestar atención a su Estrategia y Autoridad interna. Recuerda que la comunicación será un punto clave para este arquetipo, por lo que hay que trabajarla desde bien pequeñitos para que no acarree problemas en el futuro.

Consejos prácticos

Ser Manifestador no es tarea fácil, por mucho que al resto nos puedan parecer personas superempoderadas, muy independientes y de tremendo impacto. Disfrutan mucho de su independencia, pero, al mismo tiempo, muchas veces suele ir acompañada de soledad o rechazo por parte de su entorno.. Así que aquí te dejamos unos consejos muy valiosos para el Manifestador, para reducir ese sentimiento y mejorar sus vínculos con los demás.

Consejo 1: Explica tu naturaleza manifestadora

La mejor manera de que los demás te acepten tal y como eres, comprendan que necesitas libertad e independencia y no se molesten por tus futuras decisiones o acciones (siempre que hayas informado antes) es explicarles cómo funciona tu Diseño Humano.

Partir de esta base ya va a provocar un gran cambio en tus relaciones, porque facilitarás que los otros puedan comprenderte con más profundidad. Tan pronto como perciban una sensación de impacto o rechazo por la energía repelente de tu aura, entenderán que simplemente se trata de una mecánica y no se lo tomarán como una cuestión personal.

Asegúrate de que entiendan tu esencia manifestadora mediante ejemplos que podrían suceder, tus necesidades de espacio, de implicación o independencia y marca límites claros sobre hasta qué punto puedes estar disponible para ellos. Verás lo mucho que mejoran tus relaciones.

Consejo 2: Ten una comunicación impecable

No nos cansaremos de repetirlo porque es uno de los puntos más importantes para el Manifestador y una de las acciones que más transformación puede generar en sus relaciones personales a corto plazo (y que se mantendrá con el tiempo).

La comunicación será esencial, pero no solo por su parte, sino por las otras personas. Lo ideal es que los demás también le mantengan lo más informado posible para que siempre haya una comunicación fluida por ambas partes.

De esta forma, el Manifestador puede estar al tanto de cómo está su entorno y, por tanto, puede atinar mejor en saber a quién informar exactamente. Conocer esta referencia del exterior le ayuda a saber cómo será su impacto y, al informar después, reduce esa impresión negativa que pueda generar.

Consejo 3: Tu espacio y el descanso

Recuerda que eres uno de los tipos más independientes que existen en Diseño Humano, por lo que disponer de tus espacios a solas y de libertad para poder hacer todo aquello que te apetece será algo esencial en tu día a día. Además, tienes el Centro Sacral sin definir, por lo que el descanso se convierte en algo primordial.

Tener esos espacios personales es algo que te va a hacer mucho bien, así que recuerda informar antes de realizar aquello que vayas a hacer y hazlo. Puede ser un simple aviso como un «Ey, me voy a ir a dar una vuelta con la moto, estaré fuera toda la mañana». Será suficiente para poner en aviso a las personas a las que le importas y con el tiempo aprenderán a respetar que necesites esos espacios, sin tratar de controlarte.

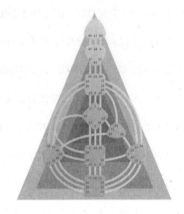

EL REFLECTOR
1% de la población

Aura
Resistente, escáner

Estrategia
Esperar un ciclo lunar

Firma y No Ser
Sorpresa/Desilusión

El Reflector es el último de los arquetipos del sistema de Diseño Humano, el menos común, puesto que representa tan solo un 1 por ciento de la población mundial.

Al tratarse de una minoría, lo más natural es que los Reflectores lleguen a sentir que no pertenecen a este mundo, como si proviniesen de otro planeta. Esto se debe a que su funcionamiento es completamente distinto al del resto de los Tipos y, por lo general, como representan tan solo el 1 por ciento, no suelen coincidir con muchos más Reflectores en su entorno con los que poder compartir estos sentimientos y emociones internas.

De nuevo, nos encontramos con un tipo NO energético (al igual que el Proyector), de modo que ya sabemos que no dispone de acceso a una fuente de energía constante que perdure en el tiempo (al no tener el Centro Sacral definido). Además, tampoco tienen ningún Centro definido, por lo que pueden ser más vulnerables a la influencia de las personas de su alrededor. Esto les convierte en el Tipo áurico más sensible al entorno, y es aquí de donde surge su función principal en el colectivo. Son los grandes barómetros de la sociedad y reflejan su entorno y nos muestran lo que está bien y lo que no lo está.

Gracias a ellos y a la capacidad que tiene su aura de reflejar el lugar en el que se encuentran, podemos saber en qué estado se halla un grupo de personas, un equipo de trabajo, una comunidad específica o incluso toda una sociedad. Su simple presencia es de muchísimo valor en cualquier entorno.

Veamos cómo funciona su aura y sus principales características.

El aura del Reflector

El aura de un Reflector funciona como una especie de espejo que refleja todo lo que le llega de su entorno. Toma muestras de lo que le rodea constantemente y recibe las vibraciones del lugar o de la energía de la gente de su alrededor.

Al tener todos sus centros en blanco, absorbe continuamente la energía como si de una esponja se tratase. Es importante que aprenda a no identificarse con estas energías que recibe, ya que no forman parte de su naturaleza. Son tan solo un reflejo de lo que tiene alrededor y es vital que comprenda esta mecánica y los constantes cambios que esta va a ocasionar en su vida.

Su presencia suele pasar más desapercibida, ya que, a diferencia del resto de los Tipos, su aura quizá no genere tanta notoriedad. Así como el aura de un Generador se antoja acogedora de forma inmediata, la de un Manifestador, arrolladora o la de un Proyector, un tanto invasiva, la de los Reflectores puede no percibirse con tanta facilidad. De hecho, una persona puede sentirse muy a gusto a su lado porque, al reflejar al otro, el Reflector puede tomar maneras de comportarse parecidas a las de la persona con la que está, por la que aquella puede tener la impresión de, en cierta manera, estar consigo misma.

No es hasta que les invitamos a compartir su opinión o punto de vista sobre una situación cuando su presencia se hace notar de verdad.

Son personas muy objetivas por naturaleza, capaces de ver con perspectiva lo que ocurre en una situación, discernir entre lo que es correcto y está funcionando bien y lo que no.

Su aura es resbaladiza de forma natural también. Están diseñados para funcionar como espejos, por lo que no van a centrarse y a penetrar en la persona que tienen delante, sino que funcionarán como una especie de escáner que, cuando haya terminado de recoger todas las muestras que necesite de esa persona, se marchará. Esta es la mecánica más correcta y saludable de su Tipo áurico, no tiene nada que ver a título personal con alguien en concreto. Son personas que llegan, *hacen su trabajo* y se marchan. Más tarde podrás verlas de nuevo, pero no son dependientes del otro por naturaleza.

Suelen ser individuos muy calmados que requieren de mucho más tiempo para llevar a cabo tanto las tareas del día a día como las elecciones más importantes de la vida. Esto tiene que ver con su Estrategia, así que pasemos a ver cómo funciona y a explicar por qué les puede costar tanto tiempo tomar una decisión o llevar a cabo algunas tareas.

Estrategia del Reflector

Al igual que el Generador o el Proyector, el Reflector tiene una estrategia de «espera». Recordemos que el Manifestador es el único arquetipo preparado para iniciar y dar el primer paso, por lo que el Reflector no iba a ser una excepción. De hecho, es uno de los tipos que más paciencia tiene que cultivar debido a su Estrategia de vida.

La Estrategia del Reflector consiste en esperar un ciclo lunar completo, que dura más o menos unos veintiocho días, antes de tomar una decisión importante o pasar a la acción cuando se trata de algo relevante en su vida. Esto es algo que, curiosamente, nos sorprende mucho la primera vez que lo escuchamos al resto de los Tipos, pero no a los propios Reflectores. Cuando les hablas de su Estrategia (que en este caso en particular es exactamente la misma que su Autoridad interna), es como si les estuvieses confirmando aquello que siempre han sentido o creído como una verdad.

Esperar ese —casi— mes completo les permitirá tener mucha más claridad respecto a la decisión que quieren tomar o al camino que finalmente escojan. Esta espera les proporciona mucha más seguridad a la hora de alcanzar la decisión definitiva.

Es importante aclarar que esta espera es necesaria sobre todo en lo que a las decisiones más importantes de la vida respecta, por ejemplo:

- El lugar en el que van a vivir (ya sea la vivienda como la propia ciudad).
- Una relación de pareja a largo plazo.
- Cuestiones en el ámbito profesional (un trabajo o su propio negocio).

Para las otras decisiones que no resultan tan trascendentales, no hace falta que esperen todo un ciclo lunar. Para estas decisiones más pequeñas, pueden fiarse de su intuición o de sus sentimientos en cada situación dada.

No deberían aferrarse a una sola identidad, ya que a lo largo de todo ese ciclo lunar y dependiendo de las auras de las personas que se encuentren a su alrededor, variarán por completo su energía. Como consecuencia, pueden tener la sensación de ser muchas personas a la vez, todo dependerá del día o de la gente con la que estén en cada momento.

Aprender a hacer las paces con estos cambios es fundamental para cualquier Reflector para poder tener una vida más tranquila y dejarse sorprender. Recibir la vida como un regalo y dejarse llevar por las sorpresas que esta te da es un indicador clave para este arquetipo.

Así que pasemos a ver cuáles son esas dos posibles emociones en las que se puede encontrar un Reflector dependiendo de si hace caso de su Estrategia y su Autoridad interna o, si por el contrario, se encuentra completamente desalineado de su propio diseño.

Firma y No Ser

Si todavía no has leído sobre lo que significan estos conceptos, tienes una pequeña aclaración en el primero de los arquetipos, el tipo Generador, en la sección de su Firma y No Ser. Una vez aclarado esto, veamos cuál es la Firma y el No Ser del Reflector:

- **Firma del Reflector:** sorpresa.
- **No Ser del Reflector:** desilusión.

En el momento en el que el Reflector acepte que precisa de esa espera de un mes (los veintiocho días que dura un ciclo lunar completo) estará inevitablemente permitiendo que la vida le sorprenda y le traiga las oportunidades y las invitaciones que necesita. La sorpresa es la señal que le dice que va por buen camino. Le confirma que se ha adentrado en dicha actividad de una forma acorde con su propio diseño.

Por el contrario, la desilusión les indica que ha llegado el momento de reflexionar y plantearse un cambio de dirección. Es importante que aprendan a identificar aquellas áreas en las que se descubren con este sentimiento de desilusión o desgana.

Si se encuentran en algún momento con estos sentimientos, tienen que pararse a pensar de qué forma han acabado en dicha situación. Estas preguntas les pueden ayudar a tomar consciencia y a reajustar el camino:

- ¿He esperado el tiempo suficiente y me he permitido estar seguro de mi decisión antes de entrar en esta actividad?
- ¿El lugar en el que me encuentro me favorece y es saludable para mí?
- ¿Me hacen bien las personas con las que me relaciono?

Es muy común encontrarse con Reflectores desilusionados con la vida, apagados y tristes. Lo único que encontrarán son resistencias, obstáculos y decepciones constantes por tratar de forzar las situaciones, apresurarse, de no permitirse la espera que necesitan hasta estar seguros de lo que quieren o de hallarse en un entorno dañino para ellos. Es importante tener en cuenta estas emociones a la hora de plantearnos si lo que estamos haciendo en un ámbito específico en la vida nos está haciendo sentir bien o mal. De esta forma, si un Reflector observa que lo que está experimentando la mayoría del tiempo en cierta área de su vida es desilusión, puede poner remedio y empezar a hacer las cosas de forma diferente para volver a dejar que la vida le sorprenda.

Consejos prácticos

Puede resultar difícil para un Reflector adaptarse en una sociedad donde predominan los Generadores (el 70 por ciento), los Proyectores (el 20 por ciento) y los Manifestadores (el 9 por ciento) en términos de energía y formas de funcionar. Así que seguir estos consejos les puede ser de gran ayuda a la hora de conectar con su propia energía y de relacionarse con el resto de las personas.

Consejo 1: Haz las paces con el cambio

Recuerda que eres un reflejo de lo que tienes a tu alrededor, por lo que puedes llegar a sentirte una persona diferente cada día de tu vida dependiendo del lugar en el que te encuentres o las personas con las que te rodees. Incluso a lo largo de un mismo día, quizá tengas la sensación de haber experimentado identidades distintas.

Lo más importante aquí es que disfrutes de ese cambio y no te resistas. Es algo que está bien en ti y te mantiene saludable, por lo que no tienes que temerlo ni desmerecerlo. Además, es vital que entiendas que no puedes identificarte con ninguna de estas identidades que provienen del exterior, ya que ninguna es tuya en realidad.

Simplemente disfruta de tener diferentes identidades en cada momento, aprovecha al máximo esa energía *alquilada* y conciénciate de que en algún momento desaparecerá para dar paso a la siguiente.

Teniendo claro el primer consejo, este te resultará mucho más lógico y evidente. Si estás constantemente cambiando de identidad y absorbiendo las energías de tu entorno, es superimportante que lo vigiles y lo tengas en cuenta en todo momento.

Si sientes que estás en un lugar que no te hace bien, sal de ahí. Si hay una amistad que te está resultando dañina o crees que no es para ti, aléjate y no te juntes con esa persona. Si el lugar en el que vives no te sorprende y te aporta sentimientos y emociones negativas de forma constante, plantéate mudarte a otro sitio.

Así de fácil y así de difícil, ¿verdad?

Verás que con el tiempo te acostumbrarás a escuchar a tu cuerpo y lo que necesita, a hacer todos los cambios y a ajustar el entorno en el que te encuentras hasta poder sentirte cómodo y alineado con tu diseño.

Consejo 3: Disfruta de suficiente tiempo a solas

Darte un espacio para desconectar de todo eso y permitirte *volver a ser tú* es de vital importancia para no perder el norte y recuperar tu identidad como persona.

Autorízate dormir a solas siempre que puedas o dar paseos por la naturaleza y otras zonas poco pobladas de gente para poder reconectar con tu verdadera esencia y descansar de las energías del exterior que, en ocasiones, pueden resultar tan abrumadoras.

Y hasta aquí el capítulo de los cuatro arquetipos que existen en Diseño Humano. Una vez aclaradas todas estas energías, los campos áuricos y el funcionamiento de las distintas Estrategias que nos encontramos en este sistema, pasamos a la práctica y a analizar diferentes situaciones comunes de la vida diaria y las necesidades de cada Tipo para afrontarlas. ¿Vamos a ello?

6

SITUACIONES DEL DÍA A DÍA

Necesidades de cada Tipo

Sabemos que poner en práctica toda la información sobre los cuatro arquetipos puede resultar complicado, así que hemos recopilado algunas situaciones típicas de la vida diaria para ver cómo cada Tipo se enfrenta a ellas.

Situación 1: Sueño y descanso

Cada arquetipo tiene unas necesidades muy diferentes en lo que al descanso se refiere para poder disfrutar de un sueño reparador y levantarse de nuevo con la energía necesaria para afrontar todo aquello que se le presente.

Generadores y Generadores Manifestantes:

Los Generadores y Generadores Manifestantes son el único Tipo áurico con el Centro Sacral definido, por lo que el descanso ideal para ellos gira, sobre todo, en torno al funcionamiento de ese centro tan energético. Como ya hemos explicado anteriormente, un Sacro definido es una batería de creatividad y de fuerza vital inagotable diseñada para recargarse durante la noche, siempre y cuando la hayamos dejado a cero al final del día. Por tanto, necesitan acostarse agotados después de haber hecho un uso adecuado de la energía durante el día en todas aquellas tareas, relaciones, proyectos o actividades físicas que les apasionen y con las se hayan sentido realmente satisfechos. De esta forma podrán tener una noche de sueño reparadora de verdad y al día siguiente levantarse de la cama a pleno rendimiento. Cuando a lo largo del día no han gestionado la energía de manera adecuada, la noche de sueño puede no ser lo suficientemente reparadora, lo que correría el riesgo de convertirse en un problema si deviene en un hábito frecuente.

Proyectores:

Los Proyectores, al igual que ocurre con el resto de los Tipos con el Centro Sacral sin definir, necesitan tranquilizarse un tiempo antes de dormir para poder ir entrando en un estado de relajación que les permita descansar plácidamente.

Además, recordemos que se trata de uno de los Tipos más vulnerables a la influencia de los demás y que más impacto reciben de los intercambios energéticos que hayan tenido a lo largo del día. Por tanto, al dormir a solas (en la soledad de su propia aura) podrán descargar todas aquellas energías que han ido absorbiendo durante la jornada.

Manifestadores:

Los Manifestadores, asimismo, tienen el Sacro sin definir, por lo que, al igual que los Proyectores, también necesitan acostarse y relajarse antes de sentirse cansados. Es decir, no agotan el cien por cien de su energía para llegar a la cama completamente exhaustos, sino que se van relajando poco a poco en cuanto empiezan los primeros síntomas de cansancio.

Es bueno que realicen alguna actividad relajante como escuchar música, leer un libro o reflexionar sobre su día, incluso una hora antes de intentar conciliar el sueño. Cualquier actividad con la que bajen las pulsaciones y se adentren en un sueño profundo servirá.

Reflectores:

Y, por último, al igual que sucede con Proyectores y Manifestadores, la recomendación para los Reflectores es que vayan a la cama un tiempo antes de sentirse con las pilas del todo descargadas. La idea aquí (para cualquier Sacro sin definir) es que relajen pulsaciones y puedan encontrarse *en horizontal* antes de que el sueño, por fin, les venza. Si no se relajan previamente, no se duermen rápido, están nerviosos, empiezan a dar vueltas en la cama, etc. Necesitan alejarse por lo menos una horita de aquellos con los que conviven para distanciarse de todo condicionamiento.

Situación 2: Límites claros

En este caso, veremos la importancia de poner límites claros ante cualquier situación, por pequeña que sea, para evitar que esta nos consuma y agote toda nuestra energía.

Veamos un ejemplo práctico:

A Marcos se le ha acumulado mucho trabajo y necesita que alguien le eche una mano, así que recurre a Laura, su pareja, para que le ayude con unos papeles durante unos días. No es una tarea que a Laura le guste mucho, pero lo hace por Marcos. Le ha dicho que es algo puntual, así que, aunque no sea de su agrado, acepta hacerlo.

Pasan las semanas y el trabajo no hace más que aumentar, así que Laura empieza a sospechar que no se trataba de algo tan puntual como esperaba y cada vez se encuentra menos a gusto con la tarea. Decide hablar con Marcos para dejar las cosas claras.

Analicemos esta situación imaginándonos que Laura adopta el papel de cada uno de los arquetipos y veamos de qué forma debería poner límites a Marcos.

Generadores y Generadores Manifestantes:

Lo primero y lo más importante es que Laura necesita entender e interiorizar muy bien esta idea: que tenga energía de sobra no significa que deba regalarla o emplearla en hacer cosas que, en realidad, no quiere hacer o con las que no disfruta.

Lo segundo, Laura tendría que haber hecho caso de su Estrategia y su Autoridad antes de comprometerse. Su cuerpo le estaba avisando muy claramente de que eso era un NO para ella, por lo que, como generadora, debería haber confiado en que un NO físico era más que suficiente como para no comprometerse con su pareja (sí, por mucho que le quiera y por muy buena persona que aparente ser cuando ayuda a los demás). Cuando una persona generadora no entra en la tarea desde una gran emoción por lo que va a hacer, lo único que conseguirá es agotarse física y emocionalmente y llenar su vida de frustración.

Proyectores:

Si Laura fuese proyectora, habría recibido una invitación por parte de Marcos para echarle una mano con esa tarea. Aquí Laura tendría que estar muy atenta a si esa invitación la está recibiendo porque Marcos le está reconociendo sus talentos específicos, o si simplemente es porque necesita que alguien le eche una mano y no tiene otros medios a los que recurrir en ese momento.

Si está siendo reconocida por su talento y su capacidad de llevar a cabo esa tarea, la invitación está viniendo de un lugar alineado, así que Laura está en una mejor posición para decidir si echarle una mano o no en función de lo que le apetezca.

En este caso, a Laura ya no le apetecía de primeras, por lo que al no tener esa energía *extra* que regalar (a diferencia de los Generadores y GM), debería haber sido clara con Marcos y haberle explicado que esa tarea no se encontraba en consonancia con ella y que no la llevaría a cabo porque le agotaría rápidamente y podría repercutir en su propia salud.

Manifestadores:

En el caso de que Laura fuese manifestadora, lo ideal hubiera sido que Marcos le comunicara que necesita ayuda para acabar su tarea, pero que no se lo pidiera a Laura en concreto. Ella, teniendo ya esta información, debería involucrarse o no en la tarea dependiendo de su deseo interno, pero tendría que nacer de ella directamente, ya que no *responde* a lo que le viene del exterior.

Si a Laura le hubiera apetecido involucrarse, no

solo tendría que haber expresado intención por su parte, sino que también habría tenido que ser muy firme en cuanto a: 1) la independencia que necesita para llevar a cabo la tarea y 2) hasta qué fecha límite se compromete a hacerlo. Los Manifestadores funcionan eficientemente por ciclos, por lo que su energía no es constante. En el momento que llegan a su fin, necesitan descansar. Y ese límite debería ser comunicado.

Reflectores:

Por último, en el caso de que Laura fuese reflectora, puede que al recibir la petición de ayuda de Marcos refleje su emoción por llevar a cabo la tarea, pero no tiene por qué ser algo suyo interno, así que tiene que tener mucho cuidado con esto. Debe distanciarse el tiempo que necesite y estar a solas consigo misma antes de tomar una decisión final. Dormir sola, tener sus espacios para saber lo que siente respecto a la decisión, dar paseos sola y ver qué siente, etc., de esta forma, Laura podrá decidir con mayor claridad dónde quiere poner el límite.

Al igual que el resto de los Tipos, si al final decide echarle una mano porque es su pareja y en cierto modo es un *quid pro quo* (hoy te ayudo yo, mañana me ayudas tú), Laura tiene que aclarar dónde está el límite marcando una fecha final y unas condiciones específicas.

Situación 3: Relaciones de pareja

Encontrar una pareja o gestionar una relación no suele ser tarea fácil, ya que cada persona tiene su propio diseño y una forma de funcionar que puede ser muy distinta al resto. Es importante que nos dejemos guiar por nuestra Estrategia y Autoridad para que todas las decisiones que tomemos estén lo más alineadas posible con lo que queremos en realidad.

Veamos un ejemplo práctico:

Jessica y Stephanie son dos amigas de la universidad que llevan mucho tiempo compartiendo grandes momentos juntas, han viajado a la par, y quedan para comer todas las semanas. Se lo pasan muy bien y se encuentran muy a gusto la una con la otra haciendo sus planes. Pero, ahora, a Stephanie le gustaría dar un paso más y empezar una relación formal de pareja con Jessica. Hace meses que quiere decirle lo que siente por ella y lo mucho que disfruta estando a su lado, pero no se atreve y tampoco sabe cuándo sería el momento ideal.

Veamos cómo podría darse esta situación de la mejor forma posible poniendo como ejemplo a Stephanie en cada uno de los Tipos áuricos:

Generadores y Generadores Manifestantes:

Si Stephanie fuese generadora, lo tendría muy fácil. Tan solo ha de confiar y responder a un estímulo que provenga del exterior para dar ese paso que tanto desea.

Si se trata de una idea que viene de la mente, simplemente porque estamos muy condicionados a tener que vivir en pareja y a formalizar a la mínima una relación, estaría partiendo de una mala base que incluso le podría costar su amistad.

Sin embargo, si es en respuesta a algún estímulo cuando se encuentra con Jessica, estará entrando en la relación de una forma mucho más adecuada y en línea con su energía. En el momento en el que reciba un estímulo del exterior, puede aprovechar y dar el paso para proponerle salir a Jessica. Tan solo debe estar atenta a las señales, hasta que una de ellas le genere un gran SÍ en su interior y el Sacro se le encienda.

Proyectores:

Aquí nos encontramos con una de las dudas más frecuentes que solemos recibir. Imagínate que Stephanie es proyectora, pero que Jessica también lo es. La pregunta del millón: si las dos somos proyectoras, ¿quién tiene que invitar a quién? ¿Cómo recibimos una invitación para dar ese paso y empezar a salir juntas?

Las invitaciones para los Proyectores no tienen por qué ser tan formales como si de una carta se tratase. Es suficiente con recibir una invitación energética, un gesto de aprobación, una mirada provocadora, alguna señal corporal que se entienda como una invitación, etc.

En este caso, Stephanie tendrá que estar atenta a cualquier señal energética por parte de Jessica que pueda indicarle que se halla preparada para ese siguiente paso y recibir esa propuesta por su parte. Si están pasando tanto tiempo juntas, se encuentran a gusto y si Jessica nunca pone pegas a la hora de quedar, eso ya quiere decir mucho.

Manifestadores:

Recordemos que el aura de un Manifestador es cerrada y repelente, por lo que, si Stephanie fuese manifestadora, el simple hecho de que otra persona se encuentre tan a gusto a su lado y gocen de tanto tiempo de calidad ya es una señal clara de que disfruta con ella.

Lo más importante aquí es prestar mucha atención a lo que le dice su corazón y a lo que en realidad quiere hacer. Siendo manifestadora, la comunicación será la parte más esencial de la relación, tanto si se trata de una amistad como si se convierte en algo más formal.

Así que, partir del hecho de poder comunicar sus

sentimientos respecto a Jessica, independientemente de cuál pueda ser su respuesta, será algo que sin duda llevará la relación a un siguiente nivel.

Reflectores:

Llegamos al último caso, el supuesto de que Stephanie es una reflectora. Aquí, lo más importante será que aprenda a distinguir el motivo por el que se encuentra tan a gusto con Jessica y por qué quiere dar ese siguiente paso.

De esta forma, podrá tener más claro si simplemente amplifica y refleja su energía o si de verdad es algo que nace de su interior y que le apetece hacer.

Una vez que distinga este sentimiento interno, lo ideal será que respete la duración de un ciclo lunar completo (o más si así lo necesita) hasta tener clara la respuesta y el momento en el que quiere proponerle dar el siguiente paso y formalizar una relación.

Recuerda que las situaciones que hemos expuesto en este capítulo son tan solo una explicación teórica basada en los fundamentos del sistema de Diseño Humano.

Las situaciones que se dan en la vida pueden ser completamente distintas en unas personas y en otras y cada uno de nosotros nos encontramos en diferentes etapas y condiciones vitales. Por tanto, las decisiones que tomemos y las acciones que llevemos a cabo pueden ser muy diferentes en cada caso.

Lo más importante es que aprendas el poder que tiene tu Estrategia y tu Autoridad interna, que te informes al respecto, integres bien esa mecánica y la lleves a la práctica.

En estas páginas tan solo hemos querido exponer tres ejemplos de situaciones comunes que suelen darse a lo largo de la vida de cualquiera, pero hay miles de millones de situaciones en las que estos conocimientos te pueden ayudar a conseguir un resultado más acorde con tus necesidades energéticas.

Y cuando hablamos de «dar resultado», nos referimos a que la decisión final que tomes debe aportarte satisfacción, éxito, sorpresa o esa paz que tanto necesitas según tu tipo de diseño.

7

PUESTA EN ACCIÓN Y EJERCICIOS

¿CÓMO EMPIEZO CON TODO ESTO?

Pasemos a la parte más importante: la integración y puesta en práctica de la información. Veamos cómo trasladar los consejos del Diseño Humano a nuestra vida diaria, a nuestras relaciones familiares, a nuestra relación de pareja, al mundo profesional, etc.

Sin duda, el hecho de haberte leído este libro ya va a suponer un antes y un después en cuanto a cómo decides emprender distintas acciones en tu vida, cómo te vinculas con los tuyos, cómo gestionas tu energía diaria, la percepción de tu valor personal y tus potenciales, etc. Sin embargo, no basta solo con la lectura, es importante interiorizar estos conceptos, llevarlos a la práctica y empezar a ver cambios mucho más significativos.

Nuestra recomendación es que empieces poco a poco con cada uno de los conceptos que has aprendido en este libro, hasta integrarlos por completo y usarlos con normalidad en tu día a día. Lleva años interiorizar y asimilar toda la información que el sistema tiene para ofrecernos. Pero créenos cuando te decimos que merece la pena darle una oportunidad. La transformación que verás en ti y en tu entorno va a ser espectacular.

Para nosotros el proceso ideal es el siguiente:

1. **Empieza por tu propio diseño:** estudia bien las características básicas de tu gráfico y apréndetelas como si fuesen la palma de tu mano. Entiende cómo funcionan tu Tipo, tu Estrategia y tu Autoridad. Hasta que no hayas comprendido los puntos más importantes de tu gráfico, no intentes saltar al siguiente escalón.

2. **Tus seres queridos:** si ya has analizado tu Cuerpo Gráfico y has comprendido cómo funcionas, trata de entender cómo actúan las personas que tienes a tu alrededor. De esta forma, podrás poner en práctica todas las herramientas y los consejos que te damos en estas páginas para mejorar vuestra relación e incluso ayudarles a comprender su propio diseño.

3. **Profundizando en la herramienta:** más allá de las cualidades básicas de un gráfico, el Diseño Humano esconde un sinfín de propiedades mucho más específicas, como las variables, el entorno, el sentido, la digestión, etc. Así que una vez que hayas dominado lo básico, podrás profundizar más y más en la herramienta para conocerla más al detalle.

Y ahora, veamos algunos ejercicios prácticos para llevar a cabo este proceso.

Ejercicios prácticos

Hemos recopilado distintos ejercicios prácticos y sencillos. Empezamos por unos más generales y acabamos con actividades específicas para cada Tipo áurico.

Ejercicios de Diseño Humano:

Dibuja tu gráfico a mano:

Aunque en nuestra página web o nuestra aplicación tienes tu gráfico a tu disposición siempre que quieras, dibujarlo te ayudará a interiorizarlo con más facilidad. Te recomendamos empezar por tus Centros definidos y sin definir y tus Canales definidos. Una vez que te los conozcas, ya podrás dar paso a tus Puertas activas y a las columnas de Diseño y Personalidad.

Prueba a dejar a un lado a tu mente, en especial para decidir:

Cuando veas que estás tomando una decisión mental, para de inmediato y toma consciencia de tu cuerpo. Espera a recibir el estímulo, la invitación o lo que necesites según tu Estrategia y tu Autoridad interna. Corta lo antes posible esa acción o esa toma de decisiones si proviene de la mente. Al principio, puede que te cueste más, pero ya verás cómo con el paso del tiempo eres capaz de poner antes el freno y reconectar con tu cuerpo.

En el momento en el que observes que estás a punto de tomar una decisión o de emprender una acción desde la mente (porque estés valorando los pros y los contras de una decisión, porque busques la aprobación del exterior, porque le preguntes a alguien qué decisión tomaría en tu lugar, etc.), FRENA EN SECO. Para de inmediato y toma consciencia del cuerpo. Ten presente cómo ha llegado esa oportunidad a ti. Si eres Manifestador, ¿te ha llegado ese deseo de forma interna? Si eres Generador o Generador Manifestante, ¿has respondido a una señal del exterior? Si eres Proyector, ¿has sentido el reconocimiento y una apertura (o invitación formal) de la persona? Si eres Reflector, ¿estás esperando lo suficiente como para aventurarte a ello?

Alejarnos de la mente es lo más complicado de este sistema. Pero con práctica y confiando diariamente en nuestra Estrategia y Autoridad interna, el progreso será enorme.

Comparte o anota tu progreso:

Ya hemos comentado que se trata de un camino largo y que los cambios no se darán de un día para otro, así que puede ser frustrante no observar los cambios por pequeños que sean. Es como cuando crecemos y nuestro cuerpo se transforma que, por mucho que nos miremos todos los días en el espejo, no notamos los cambios como lo haría alguien que no nos ha visto en meses o años.

Progresamos absolutamente todos los días, pero estamos tan metidos en nuestra propia rutina que no nos damos cuenta de que lo estamos haciendo. Así que llevar un registro en tu diario o hablarle frecuentemente a alguien sobre tu proceso puede ayudarnos mucho a ser más conscientes de esa transformación a lo largo del tiempo.

La rueda de la vida 2.0:

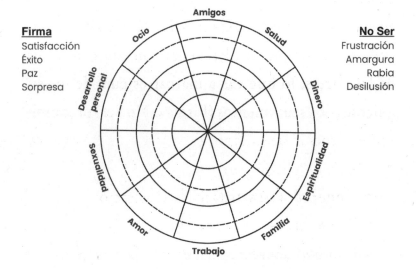

Esta actividad, «La rueda de la vida», consiste en hacer un círculo y separarlo en distintas secciones que representa un área concreta de tu vida (amor, trabajo, amistades, salud, etc.). Una vez que tengas las secciones bien definidas, coloréalas en una escala del 0 al 10 desde el centro hacia el exterior. Cuanto más feliz te sientas en esa área, dibujarás un mayor espacio de esa sección. Es un ejercicio de desarrollo personal y de autoanálisis para descubrir el estado de estas áreas. La idea es que «cuanto más color haya en todas las secciones, se parecerá más a una rueda y podrá rodar en condiciones óptimas. Por el contrario, cuanto menos color tenga, peor rodará». En nuestro caso, vamos a adaptar este ejercicio al sistema de Diseño Humano y, en lugar de simplemente rellenar con color cada una de las partes, lo que vas a marcar es cuál de los siguientes dos sentimientos (Firma o No Ser) predominan en función de tu Tipo:

- **Generadores:** satisfacción/frustración.
- **Proyectores:** éxito/amargura.
- **Manifestadores:** paz/rabia.
- **Reflectores:** sorpresa/desilusión.

Aquellas zonas en las que predomine tu No Ser será en las que tengas que poner más atención y valorar cómo se originaron las distintas oportunidades. Es posible que necesites tomar decisiones más drásticas, tener conversaciones difíciles y que, durante un tiempo, el reajuste en estos ámbitos sea un tanto incómodo. En cuanto a las áreas donde encuentres más satisfacción, reflexiona sobre por qué te sientes así y qué debes mantener en tu vida porque te hace sentir bien.

Mantras y afirmaciones:

Esta técnica de repetición es muy útil a la hora de reprogramar creencias y procesos mentales, así que también se pueden aplicar al sistema de Diseño Humano.

Grábate repitiendo las ideas más importantes respecto a tu gráfico de Diseño Humano o aquellas ideas que te cuesta más interiorizar o poner en práctica debido al condicionamiento o la educación que has recibido todos estos años atrás. Una vez que tengas la grabación, escúchala de vez en cuando para replantearte la forma en la que está programada tu mente y la visión que tienes de ti.

Dormir a solas:

Siempre que puedas, tienes que intentar dormir a solas para liberar toda la energía de las personas de tu alrededor que has ido absorbiendo a lo largo del día. Esto puede resultar algo difícil o más incómodo de implementar en una pareja que cuando no mantenemos una relación.

Si sueles dormir con alguien, prueba estas opciones: dormir en habitaciones separadas o en la misma habitación, pero con varios metros de distancia (donde no se fundan vuestras auras), tratar de echar la siesta a solas o acostaros a horas diferentes o despertaros en momentos distintos para que cada persona haya podido tener un rato a solas en el que su aura no se encuentre dentro del campo de influencia de la otra. De esta forma, podrá liberarse de toda la energía que no le pertenece, pero que recibe del otro a través de sus Centros sin definir. Si bien todos deberíamos poner en marcha estos consejos, son especialmente útiles cuando en dos personas se combinan un Centro definido y otro sin definir de los Centros Sacral, Plexo Solar (emociones) y Cabeza o Ajna.

Ejercicios para Generadores y Generadores Manifestantes:

Haz más actividad física diaria:

La base de la esencia del Generador es su energía física, que debe utilizar para estar saludable, sentirse bien y reponerse de modo adecuado durante la noche. Nuestra sociedad lleva una vida cada vez más sedentaria, por lo que es necesario hacer un trabajo consciente para estar físicamente más activos a lo largo del día (subir las escaleras, no tomar el automóvil o transporte público, apuntarse al gimnasio, movernos en bici o en patines, etc.). Es imprescindible para todos, pero en especial para que la energía de Generadores y Generadores Manifestantes no se estanque.

Preguntas de SÍ/NO:

Las preguntas cortas con una respuesta de «Sí/No» son maravillosas para este Tipo áurico porque responderlas (a través de su Sacro definido) de forma muy rápida y sencilla en función de si tienen energía o no para decidir o llevar a cabo aquello que se les está proponiendo. Lo ideal es que eviten las preguntas abiertas a toda costa.

Preguntas como:
- ¿Qué te apetece comer?
- ¿Qué quieres hacer hoy?
- ¿Qué te parece este proyecto?

Es mejor formularlas de la siguiente manera:
- ¿Te apetece comer pasta?
- ¿Quieres ir al cine hoy?
- ¿Te parece viable el proyecto?

Cuando a un Generador se le ofrece opciones específicas, se le estará facilitando conectar con el cuerpo. Cuando las preguntas son abiertas, es posible que vayan directamente a su mente, y ya hemos comentado que tomar decisiones mentales no es una estrategia ideal en este sistema. Cuanto más corporal pueda ser la respuesta, más auténtica y alineada será para el Generador.

Busca una conexión más íntima con tu Sacro:

Independientemente de si eres Autoridad Emocional o Sacral, un Generador o Generador Manifestante siempre tiene el Sacro definido. Por eso se trata del Centro más importante para este tipo y el que tiene que comprender mejor cómo funciona su mecánica.

Para conectar con el Sacro pueden: prestar atención a sus sonidos guturales (cómo se expresan de forma gutural cuando están ante un Sí o un No), observar el movimiento de su cuerpo cuando aceptan o rechazan una oportunidad y prestar atención a cómo reaccionan sus entrañas (en especial, la parte de abajo del ombligo) respecto a un estímulo que han recibido (¿se sienten contraídos o expansivos por esa propuesta?).

Busca detectar tus sonidos guturales:

Como comentábamos, los sonidos guturales son el método por excelencia para reconocer cómo está reaccionando un Generador o Generador Manifestante a una oportunidad que se le ha presentado. Si cerramos los labios y nos centramos en dar respuesta solo con sonidos, veremos que estos pueden ser un: «Ajá» (si es un SÍ), un «Uh-uh» (si es un NO) o un «Mmm...» (si es un NO LO TENGO CLARO).

Para poder escuchar adecuadamente estos sonidos que haces con tanta naturalidad, te recomendamos que alguien esté pendiente de cómo respondes a las preguntas específicas que te hagan y que, además, grabes esa conversación. Cuando la escuches por primera vez, tal vez no te des cuenta de estos sonidos, pero si prestas atención, verás que es algo que realizas una y otra vez durante la conversación.

Ejercicios para Proyectores:

Interviene tan solo cuando recibas la invitación:

Tus opiniones y consejos son todo un regalo para quien desee escucharlos. Pero no todo el mundo está preparado para recibirlos en todo momento, así que si no esperas a recibir una invitación por parte del otro para compartirlos y los expongas así sin más, muy probablemente sientas que no se te ha escuchado o que se malinterprete lo que querías transmitir. Esto puede terminar convirtiéndose en un problema, ya que, o bien dejarás de dar tu opinión al creer que no se te valora ni escucha, o bien el resto se cansará de que seas siempre el consejero sabelotodo y harán oídos sordos a tus consejos.

Para evitar esto, pese a tus ganas de exponer tu opinión sobre un tema o de aconsejar a alguien que quieres que puede necesitar tu ayuda, ofrécelo solo cuando se te haya invitado a hacerlo. Puede ser una invitación más formal en formato pregunta específica, o simplemente una predisposición energética por parte de esa persona.

Permítete recibir invitaciones:

Es importante que la persona proyectora esté predispuesta, abierta y receptiva para que le llegue el reconocimiento y todo tipo de invitaciones que irán creando su rumbo de vida. Lo ideal es que un Proyector no fuerce las invitaciones, pero sí puede ayudar a que la otra persona se lance a invitarlo. ¿Cómo puede hacerlo?

- Exponiéndose al mundo y mostrando lo que sabe para que se reconozca su valor y empiecen a enviarle invitaciones. Para ello puede participar en charlas, hablar de lo que está estudiando, compartir su conocimiento en las redes sociales, etcétera.
- Preguntando si buscan su participación. Por ejemplo, en lugar de aconsejar directamente a la persona, puede preguntar: «¿Quieres saber lo que opino de esta situación?». Y solo intervenir si la respuesta es afirmativa.
- Aprendiendo sobre comunicación no verbal para detectar con mayor facilidad las invitacio-

nes sutiles según las reacciones corporales de las personas con las que se encuentra. A veces, una mirada puede bastar como aprobación para exponer su opinión si ha detectado que su interlocutor se muestra receptivo para recibir aquello que tiene para compartir.

Nunca dejes de formarte:

Te lo creas o no, no va a haber nada que te genere mayor satisfacción en la vida que estudiar y formarte en aquello que te gusta. Desarrollar tus habilidades y talentos para que los demás puedan reconocer tu valía te llena de vida, así que, si estás pensando en dejar de lado los estudios, no es aconsejable. Siempre que el camino que hayas escogido sea el que te apasiona, claro. Si no es así, haz un cambio de ruta, encuentra y alinéate con aquello que te gusta y empieza a formarte y estudiar sobre el tema hasta convertirte en todo un experto en la materia.

Ejercicios para Manifestadores:

Ten una comunicación impecable:

Lo hemos repetido varias veces a lo largo de este libro y lo seguiremos haciendo porque se trata de uno de los puntos más importantes para el Manifestador: la comunicación.

A la hora de tener relaciones sanas con las personas a las que ama, saber expresar lo que quiere llevar a cabo, cuáles son sus sentimientos y lo que necesita en todo momento es fundamental para este Tipo áurico. Su aura ya dificulta bastante de por sí estas relaciones (por su energía cerrada, protectora y repelente), así que tener una comunicación desarrollada y efectiva facilitará muchísimo las dinámicas de la relación.

El Manifestador puede emplear muchas herramientas para trabajar la comunicación: hacer terapia conjuntamente, realizar algún curso de comunicación, acudir a un profesional de la materia, estipular un horario en el que poder expresar cómo ha ido el día (o la semana) respecto a cómo le está yendo todo, etc.

Comunicarse impecablemente es una asignatura

obligatoria para todo Manifestador, de modo que cuanto antes empiece a ponerse manos a la obra con ella, mucho mejor. Es importante enseñar el valor de la comunicación efectiva a los niños manifestadores ya desde bien pequeñitos para prepararlos para los retos del futuro.

Trabaja por tandas:

Recuerda que, si eres manifestador, no tienes el Centro Sacral definido, por tanto, no estás diseñado para mantener la energía en una misma actividad por un periodo de tiempo prolongado. Lo ideal es que respetes mucho los tiempos de descanso que necesitas y te propongas una fecha de finalización para todas las tareas que comiences.

Antes de empezar una tarea, necesitas tener claro en qué momento vas a poder terminarla para saber cuándo descansar y reponer tu energía. Esto es algo que te mantiene saludable y te permite afrontar con eficiencia las rachas de trabajo con los periodos de descanso óptimos.

Habla del efecto de tu aura con los demás:

Al tener una aura cerrada y repelente, tienes la capacidad de generar un impacto importante con tu presencia. Esto no es nada malo, es solo la mecánica de tu aura y la forma en la que te protege para poder iniciar libremente y siguiendo tus propias necesidades y deseos. Lo único que está en tu mano para reducir el posible impacto negativo que puede tener es explicarle a toda la gente importante para ti lo que significa ser una persona manifestadora y el empuje que provoca tu aura para que, al menos, cuando experimenten algún tipo de incomodidad energética, puedan comprender de dónde viene. De este modo, los tuyos podrán sentirse cuidados por ti de una manera especial, contarán con la información que necesitan para respetarte y entenderán las sensaciones que se desprenden de una relación contigo (en particular, en aquellos momentos en los que actúes de forma más independiente o decidas emprender algo nuevo).

Ejercicios para Reflectores:

Muévete a tu propio ritmo:

Asume que tienes tus propios ritmos. Puede que de pequeño fueses el último de la clase en aprender a pronunciar bien la «z». Tal vez, de todas tus compis has sido la última en casarte o en ser madre. Cuando toca salir a la calle eres a quien más rato le cuesta prepararse. Esto no es ningún problema, cada persona tiene sus ritmos, y, por tu diseño, los tuyos suelen ser más lentos que los del resto.

Esto solo significa que te tienes que anticipar y tenerlo en cuenta a la hora de llevar a cabo algunas tareas en tu día a día. Avisa a las personas que puedan estar involucradas en ellas que necesitarás más tiempo para que te respeten y no te presionen a terminarlas antes.

Si aun así ves que no son capaces de entenderlo, siguen conminándote o sientes que no respetan tus ritmos, entonces es hora de que cambies de entorno o de relaciones personales porque no te están haciendo bien. Priorízate y valórate siempre.

Dale un repaso a tu entorno:

Recuerda que es muy importante que las personas que te rodean te pidan que aportes tu valiosísimo punto de vista sobre una situación, conversación o lugar en concreto, así que, de nuevo, el entorno en el que te encuentras pasa a ser un aspecto fundamental a tener en cuenta en tu vida.

No está de más que, de vez en cuando, repases los distintos elementos y personas que forman tu entorno para ver qué te conviene y qué no. Puedes hacer una lista de todas las cosas, como:

- El lugar en el que estás viviendo habitualmente.
- Los bares, locales, calles o zonas en las que pasas muchas horas.
- Las personas con las que compartes la mayor parte de tu vida.
- Las actividades que estás realizando (y las que te gustaría realizar).
- Una lista de cosas que te han pasado hoy que te han alegrado el día.
- Etcétera.

Disfruta de tus múltiples identidades:

Otro de los puntos que debes asumir como persona reflectora es el hecho de permitirte fluir y experimentar múltiples identidades a lo largo de tu ciclo lunar (y de tu vida en general). Tus cambios de identidad tan solo son una buena señal de hallarte alineado con tu diseño. Un aspecto que puedes reforzar de forma más activa es tu exposición a los cambios, ya sea teniendo grupos de amistades distintos, viajando, conociendo mundo, siendo parte activa de tu comunidad, practicando teatro, etc. El estancamiento puede ser muy perjudicial para tu salud como Reflector.

Cualquier actividad que fortalezca esa conexión con tu capacidad de reflejar el entorno y adaptarte a distintas identidades será superpositiva para ti. Lo más importante es que, independientemente de la identidad que estés viviendo en un momento concreto, no te identifiques con ella. No eres nada de lo que reflejas, recuérdalo siempre.

Preguntas para (re)conocerte

Esperamos que estos consejos prácticos que acabamos de ver te sirvan de ayuda para integrar el Diseño Humano en tu día a día. Ahora, pasemos a ver otra parte muy importante cuando tratamos de estar en consonancia con nuestro Diseño Humano.

Es vital tomar conciencia del punto en el que nos encontramos y de hacia dónde queremos dirigirnos, de plantearnos cuáles son nuestros valores personales y cómo nos vemos. Para ello, solemos trabajar con diferentes preguntas que nos abren los ojos y nos hacen ser más conscientes de nuestro propio proceso y de lo alineados que estamos o no con nuestro gráfico de Diseño Humano.

A lo largo de las siguientes páginas, encontrarás distintas preguntas para cada uno de los cuatro arquetipos. Busca las de tu Tipo áurico y trabájalas una a una. Dedícale todo el tiempo que necesites, ya sea en un solo día o a lo largo de varios días.

No hay ninguna prisa ni se trata de un examen con una puntuación final. Son preguntas personales para que lleves a cabo una autoevaluación del punto en el que te encuentras, así que nadie va a juzgarte de ninguna manera. Anota tus respuestas en un folio, un documento del ordenador o una tablilla de madera, lo que para ti tenga más sentido y significado. Lo más importante es la sinceridad y que respondas con total honestidad, para que de verdad pueda servirte y te aporte un cambio, que es lo que se supone que estarás buscando con el ejercicio.

Te animamos a reservar unas horas en las que puedas dedicarte el cien por cien de tu energía, coger papel y boli, localizar las preguntas de tu arquetipo y empezar a contestarlas con el cariño y tiempo que se merece.

Si las contestas con total sinceridad, puede que te sorprendan algunas respuestas.

Preguntas para Generadores y GM:

- ¿En qué aspectos de tu vida estás sintiendo frustración o agotamiento?
- ¿Sabes reconocer tus reacciones corporales y lo que tu cuerpo intenta decirte?
- ¿Estás dando prioridad a tu satisfacción y a tus emociones?
- ¿Sabes poner límites o vas regalando tu energía a toda persona que te lo pide?
- ¿En qué actividades disfrutas poniendo tu energía? ¿Con qué personas te sientes activo o energético?
- ¿Te sientes mal cuando priorizas tus necesidades? ¿Crees que es algo egoísta?
- ¿A qué personas sacarías de tu vida en este momento?
- ¿Confías en que tu cuerpo te guía y te indica lo que es correcto para ti?
- ¿Estás haciendo lo que te gusta y te apasiona?
- ¿Estás aprovechando el magnetismo de tu aura?

Preguntas para Proyectores:

- ¿Sientes que el entorno en el que vives valora tu opinión y tu consejo?
- ¿Le das prioridad a tu descanso o sueles pasarlo por alto?
- ¿Sientes el reconocimiento de tu pareja, familiares y amistades?
- ¿Estás estudiando y formándote en aquello que te gustaría?
- ¿Dedicas el tiempo suficiente a desarrollar tus talentos y habilidades?
- ¿Sigues ofreciendo tu consejo u opinión cuando NO te lo piden?
- ¿Tienes la sensación de que tus palabras no tienen valor?
- En tu opinión, ¿recibes suficientes invitaciones por parte de los demás?
- ¿Expones tus conocimientos y los compartes con el mundo?
- ¿Te castigas por no tener tanta energía como otras personas?

Preguntas para Manifestadores:

- ¿Te da miedo molestar a la gente con tu presencia o impacto?
- ¿Priorizas comunicarte e informar o tratas de evitar el confrontamiento en una conversación?
- ¿Sientes una rabia reprimida en tu interior? ¿De qué modo la expresas?
- ¿Piensas que el resto de las personas intenta controlarte?
- ¿Qué cambiarías en tu vida para poder tener más libertad de movimiento?
- ¿Cuántas personas NO conocen cómo funciona tu Diseño Humano todavía?
- ¿Sueles dar el primer paso y tomas la iniciativa?
- ¿Descansas lo suficiente después de trabajar?
- ¿Mantienes informadas a las personas que te importan?
- ¿El resto también te informa de sus acciones? ¿Te gustaría que lo hicieran?

Preguntas para Reflectores:

- ¿A qué personas sacarías de tu vida en este momento porque sientes que no te aportan, te están haciendo daño o te causan problemas?
- ¿Respetas tus propios tiempos sin importar lo que los demás piensen?
- ¿Cuándo fue la última vez que la vida te sorprendió?
- ¿Eres consciente de quién eres hoy? ¿Qué energías te condicionan?
- ¿Te sorprende o te desilusiona el entorno en el que vives?
- ¿Tus familiares y amistades valoran tu consejo y tus opiniones?
- ¿Te permites esperar los veintiocho días que dura el ciclo lunar?
- ¿Gozas de flexibilidad y libertad en tus horarios? ¿Tienes momentos a solas?
- ¿Tienes suficientes experiencias variadas en tu vida?
- ¿Sientes que no encajas en ninguna parte?

MATERIALES Y RECURSOS

RECURSOS GRATUITOS

En este libro hemos recopilado los conceptos más importantes sobre el sistema de Diseño Humano, pero ¡seguro que te has quedado con ganas de más! Así que aquí te dejamos una pequeña lista de otros sitios donde vamos compartiendo información actualizada sobre esta herramienta de forma frecuente para que puedas seguir aprendiendo y llevándola a la práctica.

Diccionario de Diseño Humano

En nuestra web (micartadisenohumano.com) tienes a tu disposición un diccionario supercompleto de toda la terminología más relevante sobre Diseño Humano, explicaciones sencillas de comprender y ejemplos prácticos para integrar mejor toda la información.

Blog de Diseño Humano

Puedes estar al día de todas las novedades sobre esta herramienta gracias a nuestro Blog de Diseño Humano, donde publicamos artículos sobre diversas temáticas en los que tratamos este maravilloso sistema.

Vídeos de YouTube

Si prefieres aprender a través del contenido visual en vez de la lectura, también tienes disponible un montón de horas de formación gratuita sobre Diseño Humano en nuestro canal principal de YouTube (Mi

Carta Diseño Humano), con vídeos de todo tipo, muy cercanos y educativos.

Para los amantes de los pódcast

Para esos momentos de metro o los trayectos hasta el trabajo, a veces los vídeos pueden resultar un poco más incómodos de visualizar. Así que también tienes accesible nuestro pódcast de Diseño Humano en las principales plataformas: Ivoox y Spotify.

Redes sociales

Por último, si quieres saber más sobre nosotros, sobre nuevos lanzamientos, tener acceso a ofertas o contenidos exclusivos para nuestros seguidores más fieles, acuérdate de seguirnos en tus redes sociales favoritas. Publicamos contenido fresco de Diseño Humano de forma frecuente en nuestro Instagram y Facebook (@micartadisenohumano).

Llegará un momento en el que toda esta información se te quede corta y te apetezca ahondar en tu propio gráfico de Diseño Humano para poder profundizar en ti mismo con estos conocimientos y alinearte con tu diseño. Aquí es donde entra en juego la importancia de realizar una buena lectura de Diseño Humano, así que veamos en qué consiste.

MANUAL PERSONALIZADO
DE DISEÑO HUMANO

No importa si acabas de conocer el Diseño Humano y este libro es tu primer contacto, o si llevas ya un tiempo estudiándolo por tu cuenta e investigando sobre tu propio gráfico. Llega un punto en el que todos hemos querido dar el paso y hacernos nuestra primera lectura para poder unir conceptos y comprender todos los elementos que forman nuestro diseño en conjunto. Esta lectura de tu gráfico no solo supondrá un antes y un después en tu vida, sino que también lo será para todas aquellas personas a las que amas, tus familiares y tus amigos. Hacer una lectura tiene muchísimos beneficios, pero vamos a mencionar algunos de los más importantes:

- **Conocer cómo funciona tu energía física:** si eres una persona más energética o no y cómo deberías de gestionarlo en tu día a día.
- **Comprender la mecánica de tu autoridad:** conocer la manera en la que deberías tomar las decisiones más alineadas con tus necesidades es de vital importancia.
- **Detectar las influencias externas:** descubrir en qué ámbitos de la vida eres más vulnerable a las influencias externas y en cuáles eres tú quien influye en los demás.
- **Manejar tus emociones:** entender de qué forma funcionan tus estados anímicos y de dónde provienen, a la vez que responsabilizarte de esto en todas tus relaciones.
- **Conocer tus dones más específicos:** aprender cómo funciona la energía de cada una de tus Puertas activas para comprender mejor tus talentos.

- **Proceso de descondicionamiento:** una guía con ejemplos prácticos para volver a ti paso a paso.

Nuestro Manual Personalizado es una puerta de entrada fantástica a esta herramienta y contiene información personalizada sobre todas las características más importantes de tu propio gráfico de Diseño Humano. Consiste en una lectura completa de tu gráfico, que te entregamos en un documento de más de cien páginas donde analizamos tu Tipo, tu aura, tu Autoridad, tu Estrategia, tu Perfil, tu Firma y No Ser, tu Definición, tus Centros definidos y sin definir, tus Canales definidos y todas tus Puertas activas.

Además, encontrarás muchísimos ejemplos prácticos de la vida diaria con los que podrás interiorizar la información de una forma mucho más rápida y sencilla. Todo explicado y detallado de una manera muy práctica, al igual que este libro.

Puedes reservarlo desde nuestra web mediante el siguiente enlace o escaneando el código QR que te dejamos a continuación. De todos modos, si tienes cualquier duda, siempre puedes ponerte en contacto con nosotros a través de nuestro correo electrónico

(hola@micartadisenohumano.com) y estaremos en-
cantados de ayudarte.

https://micartadisenohumano.com/lectura-diseno-
humano/

(Escanea el código QR para acceder al Manual Personalizado).

SOBRE NOSOTRXS

¡Muchísimas gracias!

Somos **Kenai y Ana**, las dos caras detrás de la plataforma de **Mi Carta Diseño Humano** y autores de este maravilloso libro que tienes en tus manos, al que le hemos dedicado mucho tiempo, formación y cariño para que puedas disfrutar de una lectura amena y educativa.

Ambos somos Generadores sacrales con mucha energía transformadora y muchísimas ganas de modificar la manera en la que se enseña el Diseño Humano y de transmitirlo de una forma mucho más práctica y cercana para que puedas entenderlo mucho mejor.

La primera vez que escuchamos hablar del Diseño Humano nos dejó completamente boquiabiertos por lo mucho que acertó sobre nuestra persona sin conocernos de nada y lo útil que resultó la herramienta en cuanto empezamos usarla en nuestro día a día.

A lo largo de estos años, hemos sido practicantes y amantes de otras muchas terapias y sistemas de desarrollo personal (reiki, hipnosis, constelaciones familiares, astrología, kinesiología, sanación, microcorrientes, etc.), pero cuando dimos con este sistema nuestra vida dio un giro de 180 grados. Así que nuestra misión es acercarte a esta herramienta de la forma más práctica y cercana posible para que puedas dejarte maravillar por su increíble encanto. El propósito de este libro y toda su información es que integres esta herramienta en tu vida diaria y que transforme de una forma positiva tu realidad.

¡Esperamos que lo disfrutes tanto como nosotros dos!

DESPEDIDA

Mil gracias por darnos esta oportunidad de mostrarte el Diseño Humano a través de nuestros ojos y de nuestra forma de transmitirlo. Procuramos hacer que llegue a las personas de la forma más cercana, práctica y educativa que podemos, al tiempo que respetamos siempre las bases de esta maravillosa herramienta.

Si es la primera vez que escuchas hablar del Diseño Humano y has llegado hasta aquí, estamos doblemente agradecidos, porque sabemos que se puede tratar de un contenido un poco denso la primera vez que se lee sobre ello. Así que esperamos que descubrir la herramienta mediante este libro haya sido una bonita experiencia.

Queremos aprovechar también para dejar claro que el sistema de Diseño Humano, al igual que cualquier otra herramienta de desarrollo y crecimiento personal, es tan solo eso: una herramienta. No permitas que se convierta en una creencia y vívela con más flexibilidad.

Así que quédate con aquello que te haga sentir bien y con lo que resuenes. Al mismo tiempo dale una oportunidad a aquellas partes de tu gráfico con las que no te hayas identificado al principio.

Empieza por poner en práctica lo que más paz te aporte de primeras y permite que el resto vaya llegando poco a poco, si es que tiene que llegar. Se trata de un camino de largo recorrido, así que tienes que asegurarte de disfrutarlo.

Una vez más, mil gracias por compartir este pedacito de tu vida con nosotros. Nos hace muy felices tenerte aquí y poder compartir contigo todos nuestros conocimientos.

¡Nos vemos pronto!

KENAI & ANNA